零基础学太极拳

——太极拳轻松练习法研究

王璐璐　著

苏州大学出版社

图书在版编目(CIP)数据

零基础学太极拳:太极拳轻松练习法研究 / 王璐璐著. —苏州:苏州大学出版社,2021.8(2023.2重印)
ISBN 978-7-5672-3625-7

Ⅰ.①零… Ⅱ.①王… Ⅲ.①太极拳—基本知识 Ⅳ.①G852.11

中国版本图书馆CIP数据核字(2021)第149995号

书　　名:零基础学太极拳——太极拳轻松练习法研究
著　　者:王璐璐
责任编辑:施小占
装帧设计:吴　钰
出版发行:苏州大学出版社(Soochow University Press)
出 品 人:盛惠良
社　　址:苏州市十梓街1号　邮编:215006
印　　刷:广东虎彩云印刷有限公司
邮购热线:0512-67480030
销售热线:0512-67481020
开　　本:787 mm×960 mm　1/16　印张:11.25　字数:180千
版　　次:2021年8月第1版
印　　次:2023年2月第2次印刷
书　　号:ISBN 978-7-5672-3625-7
定　　价:58.00元

若有印装错误,本社负责调换
苏州大学出版社营销部　电话:0512-67481020
苏州大学出版社网址　http://www.sudapress.com
苏州大学出版社邮箱　sdcbs@suda.edu.cn

序

弟子王璐璐出书了，恳请序言，我答应了。

想想时间真快，一晃 20 年了。20 年前我博士刚毕业，为了验证太极散打，2000 年我在扬州大学组建了一支队伍。我搞太极散打不是因为我爱好它，纯粹是为了研究需要，我希望在散打场地上，用实践论证太极散打的可行性。组队不久，一个个子不高而体重却有 110 千克的小胖子来到我的训练馆，试了一下手，留下来了。按条件，他只适合减肥，而不是训练。但是，这是大学，不是专业队，有人跟我练，我就很高兴。就这样，在一个布满器材的很小的训练馆里，腾出了一块不到 100 平方米的地方，我们师徒一帮人开始了太极散打的实验与征战之途。

一般来说，胖子都很懒，璐璐还算好，但体力始终是个问题，训练中经常练到抽筋。2001 年王璐璐拿下了江苏省散打比赛亚军，此后打了许多专业赛，几乎跟国内所有的顶级散打高手交过手，互有胜负，最好成绩是进入专业比赛全国四强。2007 年参加河南卫视《武林风》，摘得“新人王桂冠”。大概因为他打过专业赛，有些人对他的“百姓”身份质疑。事实上，他就是一个百姓，入学前没有任何武术基础，接受的是课后业余训练，没有享受过专业运动员的待遇，参加专业比赛是业余对专业的挑战，而这种挑战不过是为了武功的论证与检验。

往事如烟，我们热爱的是太极，参加散打比赛只是一种实验，更是一种豪情。历史留下了这一段记忆，那是太极拳的光芒，也是王璐璐的光芒。他是最先以太极拳的身份进入了散打场地，对于太极散打，王璐璐应该算是第一人了。作为他的师父，我为他骄傲，更为太极拳自豪。我知道他的功夫，知道他的推手比他的散打要高妙得多，知道他打散打的时候还不是他的顶峰。在荣获散打比赛诸多荣誉之后，他又连续三年获得了全国推手比赛冠军，技术又上了一层楼。如今在训练场上，他的散打技术更精妙了，可惜没有再去散打赛场论证了，这对他来说是一种遗憾，也是太极拳的遗憾。

毕业后的王璐璐没有停止探索太极拳的脚步，除了套路、推手的日常教学与研究外，还搞起了武医结合，致力于太极拳的康养事业。今天送来大作，可以看见他的努力，我很高兴，为他作序，以资鼓励。

田金龙

2020 年 9 月于扬州

目 录

第3章 太极拳基本技术和动作要领

第4章 太极拳轻松练习法

绪　言

太极拳是中华传统体育养生文化宝库中的一颗璀璨明珠，有着悠久的历史和广泛的群众基础，它以其深厚的哲学底蕴和显著的健身效果而享誉于世。太极拳是一种“主旨健康”的身体运动，其所蕴含的健康文化、健康方式、健康理念和健康价值对推动国家、社会与个人的健康发展有着不可忽视的现实作用。作为中国传统文化的精粹，太极拳在国家发展的重要决策中不断被单列和重点提及，并被推至国家层面的战略高度。2019 年，国务院颁布的《关于实施健康中国行动的意见》明确强调“坚持预防为主，倡导健康文明生活方式，预防控制重大疾病”和“实施疾病预防和健康促进的中长期行动，健全全社会落实预防为主的制度体系”的指导思想，更进一步将“最具健康促进和预防价值的太极拳”推至一个新高度。

太极拳以人体生命的整体观，以及人与社会、人与环境的和谐统一，即“天人合一观”为其哲学基础，集导引、呼吸吐纳、拳技于一体，收健身养性之功效，流传数百年而不衰。太极拳动作柔和、速度较慢、拳式并不难学，而且架势的高或低、运动量的大小都可以根据个人的体质而有所不同，能适应不同年龄、体质的需要，并非年老弱者专利。无论是理论研究还是亲身实践，无论是提高技艺功夫还是益寿养生，无论是个人为了人生完善自我者，都能参与太极拳运动，并从中获取各自需要。随着太极拳运动在我国社区、学校的普及与提高，参加练习的人数越来越多。

为了能使广大太极拳初学者更加全面、系统地学好、练好太极拳，提高健身效果，本书作者根据自身20余年的太极拳训练、比赛和教学经验，总结出了一套太极拳轻松练习法，以“一招多练、多用”的思路来适应各种场景的变化，帮助练习者快速进入太极之门，并可以更轻松地理解前人对太极拳内涵的描述。

本书在编写过程中，作者查阅、参考和引用了大量的相关文献，在此对相关文献作者表示诚挚的谢意。限于作者的研究能力和学术水平，书中难免存在不妥甚至错误之处，敬请专家和读者批评指正。

第 1 章　太极拳概述

1.1　太极拳的起源

1.1.1　太极的内涵

太极一般指太极哲学和太极拳两大类。

太极哲学存在时间可推至传说时代，相传“古者伏羲氏之王天下也，仰则观象于天，俯则观法于地，观鸟兽之文与地之宜，近取诸身，远取诸物，于是始作八卦”。太极哲学的研究是关于《易传》中太极宇宙生成论而探讨的。在不同的朝代，不同的学者有其不同的研究理论。

当太极哲学与不同的学科结合，就形成了具有太极哲学含义的新事物，从而形成新的文化群。例如，太极哲学中的阴阳五行与中医结合，就形成了五行五脏理论；太极中的阴阳调和与丹药结合，就形成了内丹学；太极中的太极图与道教结合，就形成了太极阴阳鱼图；等等。在众多文化交流中，最为成功也最具有代表性的是太极哲学和拳术的结合，形成了广为人知的太极拳。

现在意义上的“太极”一词主要指太极拳。太极拳诞生的时间具体不可考，但实物的记载应以明朝王宗岳《太极拳论》为开端。严格说来，太极拳也是太极哲学文化圈下的一个实体化衍生物，从属于太极哲学。但是，由于太极拳是当今全世界参与人数最多的运动项目之一，广为人知；同时，太极拳与太极哲学结合最为紧密，最能体现太极哲学的内涵。故在时代发展之中太极拳逐渐和“太极”一词等同，成为太极的代名词。

太极拳也会和其他学科或文化结合，形成太极拳文化群。太极拳文化是最近出现的一个新的文化名词和文化现象。一般来说，太极拳文化是以太极拳为主体，结合医术、导引术、养生术、宗教、政府政策、旅游等方面所形成的文化。如太极拳养生、太极拳音乐、太极拳夏令营等，都是围绕太极拳展开的文化产品。不难发现，太极拳文化大多都与当下的流行和需求所结合，内容庞杂，且涉及各个领域。

所以，“太极”一词有广义和狭义两种解释。狭义上说，它多指太极哲学和太极拳。广义上来说，它是一种文化符号，是太极哲学与太极拳结合不同的文化而形成的文化群。故我们研究太极时应从太极的哲学含义以及太极拳两个方面去理解。

1.1.2 太极拳的产生

太极在明代之前都是作为哲学的概念存在，然而明代山西武术家王宗岳在《太极拳论》中首先用太极阴阳哲学概念来解释拳理，故名太极拳。

纵观太极拳的历史，追其源头，我们难以考证。一般来说，太极拳的源头有六种说法。其一为梁朝程灵洗。程为韩拱所传，将太极拳改名为“小九天”，其证据就是其在书中所提的“单鞭”“提手”“穿梭”“揽雀尾”等词和现在的太极拳招数名称相似。其二为唐朝许宣平，其所传的《八字歌》中有“掤捋挤按世界稀，十个艺人十不知，若能轻灵并坚硬，粘黏连随俱无疑，採挒肘靠更出奇”，与现代所说的太极拳的四正“掤、捋、挤、按”，四隅“採、挒、肘、靠”，以及基本原则“粘、黏、连、随”如出一辙。其三为唐朝胡镜子，他也提到了类似太极拳的技法。其四为明朝张三丰。民间盛传“张三丰创太极拳”可以作为其中一个依据，但缺少实证，多为传说。可以说，前四者已经形成了太极拳的一些基本法则、技术、理论，但并未对其有一个具体的名称定位。其五为明朝王宗岳，他在其所著的《太极拳论》中明确提出太极拳一词。其六是明末清初的陈王廷。据中国武术史学家唐豪考证，最早传习太极拳的是明末清初河南温县的陈王廷。他结合古代的导引养生术和经络学说，研究道家的《皇庭经》，参照戚继光的《拳经》，博采众长，加以继承和创新，创编了陈氏太极拳。不过此种说法也有所牵强，毕竟太极拳在唐朝已有相对完备和现代的技术体系。如若是明清之际才初创，首先在理论论著上，与明朝大量的拳术论著时间上相悖。其次，清中期就有太极拳严重分流的现象，根据事物的一般发展规律来说，只有当事物发展走向完备之时，才有基础和条件进行分化，而且从形成到分化需要一定的时间。这种短时期的分化在时间上有所相悖，故而以陈初创的认定也需要推敲。

1.2 太极拳的流派

太极拳的分流主要是从清代中后期开始的，主要以现存的五大种类为分流基础，即陈式太极拳、杨式太极拳、武式太极拳、吴式太极拳以及孙式太极拳。

1.2.1 陈式太极拳

陈式太极拳，创始人为陈王廷（约1600—1680）。陈氏太极拳的演练风格和运动特点为：缠绕折叠，松活弹抖，快慢相间，刚柔相济，连绵不断，一气呵成。其核心就在于“自缠”。身缠、手缠、足缠、臂缠、腿缠，周身缠。故有陈氏太极拳乃“缠”法也之说。其在内是意气运动，在外是螺旋缠绕运动。强调在意识主持下，头顶、气沉，放长身肢，通过旋腰转脊带动上肢旋膀转腕，带动下肢旋胯转踝，使肢体在顺逆缠绕中，促成内外相合，节节贯穿。陈式太极拳的动作有快、有慢，一般发劲时和转换时快，动作过渡时慢，陈式太极拳有刚有柔，一般动作的终点刚，过程柔。全套动作在快慢、刚柔、开合、曲直中相互依存、互相转化。

1.2.2 杨式太极拳

杨式太极拳创始人为杨露禅（1799—1872）。杨露禅学于陈式太极拳第十四代传人陈长兴，后传于其子杨建候以及其孙杨澄甫，三代完备。杨式太极拳拳架舒展优美、身法中正、动作和顺、平正朴实、由松入柔、刚柔相济，一气呵成，犹如湖中泛舟轻灵沉着兼而有之。杨式太极拳动作要求如长江大河，滔滔不绝。此动作之完成，乃下一动作开端，绵延相续，心法上亦要求一气呵成。杨式太极拳练法简洁，深受一般大众的喜爱，故而流传最广。

1.2.3 武式太极拳

武式太极拳创始人为武禹襄（1812—1880），学于杨露禅，后传于其外甥李亦畬，至第四代郝月如传至上海，改为郝式太极拳。武氏太极拳是传统太极拳五大流派之一，其理法原理丰富完整又邃密细腻，“以求太极（内形）为主，走内劲，以意行气，练精、气、神三者合一”。其技艺特点是“因敌变化、借力打人”，用意气的变换来支配外形的运动，强调走内劲而不露外形，达到人为我制，而我不为人制的神奇境界。武氏太极拳拳架既不同于陈氏太极拳大架与小架，也不同于杨氏太极拳，其拳架姿势紧凑，动作舒缓，步法严格分虚实，胸、腹部进退皆旋转，身体中正，用内动的虚实来支配外形（叫内气潜转），左右手各管半边，不相逾越，出手不过足尖。原来有跳跃动作，到四传郝月如改为不纵不跳。

1.2.4 吴式太极拳

吴式太极拳创始人为吴全佑（1834—1902），学于杨露禅，后传于其子吴鉴泉加以修改形成一派。吴式太极拳以柔化著称，动作轻松自然，连续不断，拳式小巧灵活。拳架由开展而紧凑，紧凑中不显拘谨。推手动作严密、细腻，守静而不妄动，亦以柔化见长。

1.2.5 孙式太极拳

孙式太极拳创始人为孙禄堂（1860—1933），学于武式太极拳郝为真。孙禄堂再向李魁垣学习形意拳、向程廷华学习八卦掌之后，结合太极拳，创孙式太极

拳。孙氏太极拳的风格特点主要是：进步必跟、退步必随、动作敏捷、圆活紧凑，犹如行云流水，连绵不断，每左右转身以开合相接。孙氏太极拳最本质的特点是将形意拳之内外合一和八卦拳之动静合一融蓄在太极拳的中和状态之中。走架时重心无上下起伏、无左右晃动的问题，通过活步使重心不断地在转换当中。孙氏太极拳，从起式到收式，各种动作要求中正平稳、舒展圆活、紧凑连贯、一气呵成，使全身内外平均发展，一动无不动，一静无不静。

由此，我们大概推断出太极拳的分流过程：从唐朝开始，太极拳的基本理论和技术体系已经逐渐完成；到明初之时，太极拳定性，并且出现大量的理论论著；到明末清初，太极拳以陈氏为代表，出现分流；至清末，则以爆发式、平方式的方式进行分流。

1.3　太极拳的运动特点

太极拳动作柔和、轻灵、缓慢，其运动如抽丝，处处有弧形，似展非展，圆活不滞，动中有静，静中有动。太极拳用意识引导动作，意到身随，配合均匀细长的呼吸，整套动作如行云流水，连绵不断，使全身上下得到均匀而协调的活动。

1.3.1　心静体松

心静体松是太极拳运动区别于其他体育项目的重要特点之一。打太极拳要求思想集中，全神贯注于动作，做到“神聚、心静、意专、体松”。其中“心静”“体松”是练太极拳最重要的原则。“心静”要求在练拳时要专心，思想要集中，用意识不断地引导动作，并且灵活变换，使任何动作都有一定的指向，不能顾此失彼；“心”要有耐心，不可焦躁或心猿意马，否则动作方向、姿势不正确，就难以把太极拳学好、练好。“体松”是和心静同样重要的一个原则，是贯彻“用意不用力”的重要措施。运动时，在心静的前提下用意引导肢体内外各个器官、关节和肌肉的放松，逐步做到全身不该用力处毫不用力，内外各部分无一处不松，尽量使身体自然舒展而不僵硬；按照规矩用劲，以意贯注于动作过程之中，按照动作的虚实变化适度地完成动作。

1.3.2 轻灵沉稳

练太极拳要求在意识引导下动作轻灵、重心沉稳。“轻灵”是保证全身内外充分放松的必要措施。所谓“一举动，周身俱要轻灵”，只有用力越少越好的练法，动作才能越练越灵活。不轻就不能松，不松就不能灵活。灵是轻的发展，在轻的基础上发展，方能达到“一羽不能加”的高度敏感的灵。“沉稳”是使上体端正舒适，保持下肢稳定，要求虚领、立身中正、气沉丹田、步似猫行，进退转换要分清虚实，步随身腰变化，需稳健、轻灵、沉着。

1.3.3 柔和缓慢

“柔和”的前提是要放松，放松对解除疲劳、积蓄力量，以及提高耐力、速度、灵敏和技巧等，都有直接的关系。练习时，要求始终放松，在心静用意的前提下，引导全身放松。放松是用意的，是积极振作的，不是漫不经心、消极疲塌的。练习时，要在放松的基础上使两臂动作保持弧形，使两臂运动走弧线。“缓慢”也是太极拳的重要特点，它是一种平稳中正的缓慢，肌肉和骨节不是处在某一特定角度下收缩和旋转，而是用许多不同的角度完成一系列伸缩和旋转的静力性练习。

1.3.4 连贯圆活

练太极拳要求“一动无有不动”“由脚而腿而腰，总须完整一气”，要求做到上下相随、节节贯穿地连贯圆活。每一势如何起、如何落，要仔细揣摩，到定式时必须意识贯注十分满足，似停非停，这种势与势之间的承接，就称作连贯。连贯就是要求上一个动作和下一个动作折叠地衔接起来，转接处微微贯动，不僵不滞，不能有停顿断续之处。动作要圆活，亦即动作要圆满、灵活，在一连贯的弧形动作中圆满地不凹不凸，无有缺陷，不起棱角，变动又非常轻灵活泼。圆满灵活运用到动作上，要求达到中正不偏、不越界限、不被压扁、走化粘连、不丢不顶、处处圆满灵活。

1.3.5　身法中正

身法中正指的是“中正不偏”“上下一条线”。太极拳的身法主要是“立身须中正安舒，支撑八面”“不偏不倚，无过不及”，处处不使身体各部位散漫失中。要表现出中正、大方、工整、舒展和流畅的形象，符合心静用意的静态要求。练习时不论前进、后退、左旋、右转，四肢动作不论如何转换，自头顶、躯干至会阴始终要形成一条直线，凡是身向前俯、后仰、左歪、右斜、失去重心垂直平衡的，都不符合“中正不偏”的要求，都是身法上的缺点。“上下一条线”的关键，在于用意识使脊柱保持垂直状态。太极拳身法的轻灵、圆活，全凭腰、胯、胸的运转和协调动作，使得在任何角度上都能够保持全身的平衡；进退、旋转，不论手足如何伸缩，身法必须保持中正。虚领顶劲和尾闾中正是太极拳身法中正不偏的标志。虚领顶劲是身法中正的首要条件，尾闾中正作为动作定向的舵手，含胸拔背和气沉丹田是身法上须始终保持的，是气不上浮、重心稳定的关键。

1.3.6　协调完整

太极拳的连贯圆活，是在肌肉放松的情况下，全身肌肉群在意识指挥下做精确严密的、有组织的、有规律的统一性运动，不使各关节拉力所产生的分力破坏平衡，而是在节节贯穿中求得每一个动作的合力点。这在太极拳中称作对称协调。太极拳对称协调的内在规律，可以总结为五个方面：意欲向上，必先欲下；意欲向左，必先右去；前去之中，必有后撑；上下左右，相吸相系；对拉拔长，曲中求直。

1.3.7　呼吸自然

太极拳呼吸是根据动作的变化而自然形成的，与动作配合不起来或用自然呼吸法的人，坚持练拳时间长了，也会不自觉地使动作和自然呼吸结合起来。开合、虚实与呼吸要自然结合，合和虚是蓄、吸，开和实是发、呼，一开一合就是一呼一吸。开呼合吸是以胸廓的扩张与否为开合的概念，胸廓扩张的动作为开；反之为合。开合是姿势上的现象，虚实是内劲的轻和沉的现象，呼吸是运动生理上的自然现象，三者密切地自然结合，构成了太极拳锻炼方法上练意、练气、练身三结合的整体性和内外统一性。

1.3.8 意领身随

人体的任何动作（除反射性的动作外），包括各种体育锻炼的动作，都需要经过意识的指挥。练习太极拳的全部过程，也要求用意识（指想象力）引导动作，把注意力贯注到动作中去。武禹襄在《太极拳解》中说："神为主帅，身为驱使。"意动身随就是这个意思。

1.4 太极拳的健身功效

太极拳的特殊运动方式与要求对呼吸、消化、神经、心血管等系统，有着较为显著的保健和医疗作用，其运动强度和运动量较为适中，练习后不易出现代谢机能的激烈变化，适合于不同体质和不同年龄的人，特别是体弱及慢性病患者。因此，它也是我国推广全民健身运动的首选运动项目之一。

1.4.1 呼吸方式科学，扩大了肺活量

太极拳强调腹式呼吸，不管是用自然呼吸还是拳势呼吸都强调腹式呼吸。呼吸还配合意念，就是吸气时内气沿脊椎督脉上行，呼气时内气沿前胸任脉下沉，小腹则是吸凹呼凸。这种呼吸锻炼扩大了肺活量。科学实验表明，肺活量的大小与力量的大小及生命长短成正比。如人体处于睡眠状态时，呼吸深、细、匀、长的必是强健者，而呼吸短促无力或长、短不匀者非病即弱无疑。呼吸波的长短、粗细是一个人体质强弱的标志。所以说太极拳健身在呼吸上很是注重。

1.4.2　气血运转流畅，促进血液循环

太极拳锻炼要气达梢节。人体从外形的四肢八节，筋骨皮到内在的五脏六腑、精气神，都离不开血液的滋补润泽。良好的血液循环、充盈的血液供给，既是人体各部功能正常运行的基本保障，也是决定人体生命长短的根本条件。太极拳行功走架，竖项贯顶，虚领顶劲，气沉丹田，以意导气，以气运身，内气上至百会、下通涌泉、达于四梢，促进了血液循环，疏通了经络，加快了循环频率，大动脉畅通无阻，毛细血管经久不衰，四肢百骸肌肤延缓了老化。长期坚持太极拳锻炼，则气血饱满、健康长寿。

1.4.3　汗腺通畅，保证了新陈代谢

人体新陈代谢所产生的废物除通过眼、耳、鼻、口七窍和谷道排泄外，机体内分泌主要是汗腺外排。除此，汗毛与汗毛孔尚具有保温、散热的自然调节功能。因此中医有"汗腺通则百病不侵，汗腺堵则乱病缠身"一说。现代社会，人们的物质生活条件不断改善和提高，冬有集中供暖，夏有空调、电扇，免受寒暑之苦的同时，却又导致了人体皮肤保暖、散热功能的下降。由于汗毛孔变懒、汗毛孔壅塞、肌肤的通透性弱化，人体内脏分泌物、沉积物以及病毒等有害物质得不到及时排泄，新陈代谢失调，阴阳温热失衡，这样或那样的疾病便会不染自生。而太极拳作为一门内家功法，在肌肤的锻炼上有其独到之处。行功走架不分春夏秋冬，每每于身形的开合收放之中导引肌肤的膨缩和毛孔的张闭。练拳的人比一般不练拳的人较好地保持了肌肤的纯洁性和通透性，内分泌渠道畅通，病毒垃圾不易滞留，故而小病不生、大病不长。

1.4.4　对称运动，弥补人体机能后天不足

人们在日常生活、工作中有意无意地形成了诸多习惯定式。这些习惯定式一方面提高了动作效率，另一方面也酿成了人体运动的缺陷。也就是说，凡是习惯动作多属单向偏颇运动。如日常生活中上肢的端、握、提、捏、抓等单手动作一般

多用右手；下肢的弹、跳、蹦、踢等多以右足发力；中上盘的扛、挑、抬等多用右肩。左撇子者反之。无论是左还是右，均系单向运动。这种外形的单向运动，天长日久使大脑中枢神经减弱了逆向调节功能，由此势必导致人体内部机能的左右失衡。太极拳的造型结构恰恰是"有上即有下"，招式左右互换、身形上下互补，形成内外如一的对称运动。抽招换式强调欲左先右、欲上先下；发力时讲求前吐后撑，周身上下对立统一、浑然一体。从而，有效地强化了大脑的逆向调节功能，保持了人体运动的整体协调与平衡发展，克服了单向运动致病的缺陷。

1.4.5 用意不用力，提高神经系统的敏感度

人体老化，最先发于神经系统的萎缩和衰竭。如：面部皮肤松弛起皱、前额脱发源于细胞再生神经的功能下降；耳聋眼花，源于听、视神经的老化；反应迟钝、记忆力下降，源于分辨检索神经的老化；腿脚不利索，源于中枢支配神经的老化。凡此种种，人体所有功能无不是源于十余万条神经的作用。任何一条神经的萎缩，都将直接导致人体某一器官功能的下降。太极拳与其他拳种的最大区别就在于它是一种用意不用力、重意不重形、以意念支配肉体的运动。太极拳行功走架，全神贯注，以意导气，所有外形变化、一招一式讲求意在身先，意不动身不动，意动身随，意静形止。

所谓意念，也即大脑中枢神经发出的各种指令、信号。太极拳每次行功走架首先是意运动，其次才是形体运动，也即人们常说的形神兼备。反之，练功心不静意不专，形散意乱，内外失调，便失去了太极拳的运动本质。正是由于太极拳的这一功法特点，功深艺高的老拳师即使到了晚年，也多是耳不聋、眼不花、脚不沉，其肌肤的敏感性仍异于常人。所有这些，无不赖于用意练拳延缓了神经老化的缘故。

1.4.6 运动适度，保持人体机能的中和态

就运动与生命的关系而言，历来说法不一。通常认为：生命在于运动，其理

取自流水不腐、户枢不蠹。也有人认为：生命在于多静，以减少机体的磨损和功能的消耗。持此观点者，多以龟龄鹤寿作比。实际上这两种观点都有道理，关键在于动与静不可偏废。生命在于运动不错，但超负荷的剧烈运动无疑会使机体疲劳早衰；而多静少动者，往往消化不良，食欲不振，四肢乏力，精神萎靡，病气易侵，故多常年不断药。所以说，过分地强调动或过分地主张静，均于人体健康不利，只有运动适度、动静相间的运动才有益于健康。太极拳行功走架，进退往来为动，但用意不用拙力，消耗不大；就心境而言，行功走架中强调放松入静。这里所说的"静"，是指走架或推手时须摒弃杂念，动中求静、神意专注，以一念代万念，所以说外形虽动心犹静。太极拳的这种独特运动方式对保持人体机能的中和平衡有很好的作用，故而久练可使人延年。

1.4.7 长气致柔，防止骨质、关节、韧带的老化

无论是从自然界的动植物看，还是从人类自身的生态发展过程看，凡是生命力旺盛者，其肢体或肢干都具有良好的柔韧性；凡是行将死亡的有机体都会变得僵硬、枯萎。就人体而言，老年人骨质疏松发脆、关节旋转不灵、韧带松弛、血管干瘪等，无不是失去柔韧性的结果。欲使人体康壮不衰，就必须使周身筋骨皮保持良好的弹性。太极拳行功走架，旋指、旋腕、旋膀、旋腰，撑裆、开胯、伸筋、拔骨，缠绕拧翻，所有招式动作无不在画弧走圆中完成。这种螺旋运动的内含，其实就在于强化周身筋、骨、皮及其内脏各器官的弹性亦即柔韧性。所以，功深艺高的太极拳手，多为肺活量大、脏腑胀缩差大、筋长骨坚、肌肤松软、呼吸深细匀长、关节正逆旋转角度大，这都是机体柔韧性良好的表现。柔韧性的延长本身就是长寿，反之人体内脏任何一个器官失去了弹性也就意味着生命的终结。

1.4.8 松、静、空、灵，陶冶超然脱俗的心境

众所周知，清心寡欲的人多高寿，反其道而行者往往早亡。原因是多欲之人必多求，多求之人必贪饮、贪食、多忧、多虑、多思、多恼、多惊、多恐，凡欲

有多必伤。中医认为哀伤神、怒伤肝、忧伤肺、思伤脾、虑伤心、恐伤肾、食多伤胃、房事多行伤精又伤气。太极拳的锻炼过程就是调节心性的过程。行功走架时，身心各部讲究松、静、空、灵，举手投足、身形变换贵在顺其自然，故而进退往来状若行云流水，身心俱佳。

第 2 章　太极拳技击理论与技法特点

2.1　太极拳技击理论

太极拳在技击上的效用极为奥妙，其他种类拳术或多或少要以力取胜，而太极拳则主要是以巧取胜。太极拳家能凭借皮肤敏锐的触觉，化人之力，借人之力，避实击虚，而操胜算。以太极拳应敌，主要靠“化”与“发”，在每个圆圈形动作中，都包含着化守和发攻两个方面。而功夫越深，这个圆圈也就越小。

太极拳家能把外力引进使之落空，乘对方攻而未返、展而未收一刹那之间，乘虚运用发劲，使对方失去重心而倾跌，其关键全在于准确的审度时机。《打手歌》云：“掤捋挤按须认真，上下相随人难进。”武禹襄《十三势行功心解》云：“彼不动，己不动；彼微动，己先动。劲似松非松，将展非展，劲断意不断。”王宗岳《太极拳论》云：“动急则急应，动缓则缓随。”可见太极拳与一切凭蛮力与敌拼搏之武术不同，主张舍己从人，后发先至，凭智与功力克敌。

2.1.1　太极拳技击原则

1. 以静制动

太极拳之静，乃动中之静，包括心理与生理两方面。心理之静，指任敌千变万化，我只以镇静应之。唯心静才能辨明敌劲之来龙去脉，我才能乘其虚而攻之。在瞬息万变的技击情况下，我应始终保持自身重心的稳定，此即生理之静。在保持自身静的同时，应千方百计地破坏对方心身的平衡，以利我之出击。以逸待劳，劲不虚发，是即以静制动原则。

2. 以柔克刚

太极拳技击系用随敌劲伸缩而不含抵抗之柔劲，它对任何加于我之力，抱定不顶抗态度，而是予以走化，使之落空，然后引出对方弱点，运用合力的原理发劲，从而收到以柔克刚、以小胜大的技击效果。以柔克刚之理在于：刚劲是有限的，以刚应刚，则力弱者败；柔劲是无限的，敌力无论如何强大，我均以柔劲化之，则敌力于我何用？

3. 以顺避逆

太极拳运动由无数圆圈组成，圆运动以逆来顺受技法避免了敌加于我的任何直接打击。因直来之力与我之圆相交，我旋转使力成斜角而分散，减退之程度与斜角之大小成正比，故走化甚省力；我还用粘随把敌套入我之圆圈，使其手足如被网所缠缚，进退不得。太极拳之圆圈运动奥妙无穷，但得之非易。初练时大而笨，缠则小而活，终则有圈之意，无圈之形，出手尚未见其转圈，敌已跌出，盖化与发于刹那间已告完成。

2.1.2 太极拳技击步骤

太极拳技击之具体实施有听、化、合、发四个步骤。但首要做到“沾连粘随不丢顶”，我即可用听、化、合、发以制敌。听、化、合、发为太极拳多种内劲中的四种基本步骤，且有密切相互关系。听敌之劲准确，化敌之劲才能恰当，合住敌劲之焦点，也就是取得“我顺人背”的机势之际，我运用发劲，可使敌立仆，力省而功巨，是为太极技击之决胜战略。

可见太极拳善于后发制人。敌不动，我无从知其虚实，我先用一虚招把敌劲引出，我即化之、发之。若我之化劲不能达到使敌处于背势之境地，则我继续运用引劲、化劲，直至使敌背势时才用发劲，而收全功。

2.1.3 传统太极拳的内劲

太极拳强调丝毫不用拙力，着重运用内劲。所谓内劲，就是在练拳中得到的

环而无端、周而复始、外柔内刚且富有弹性的劲，这种劲“形不外露，功蕴于内”，故称内劲。太极用劲，灵捷无形，手到发劲，未中之先无劲，既中之后无劲，只在中敌之刹那发劲，疾如闪电，一发传收，敛气凝神，毫不费力。正确用劲为太极技击关键。现将太极拳主要内劲分述如下。

1. 沾粘劲

即不丢之劲。沾粘即粘贴之意，把敌粘住之劲。敌进我退，敌退我进，敌浮我随，敌沉我松。初练推手时，手臂知觉不灵，犹如木棍，日久感觉渐趋灵敏，由手臂而肩而胸而背，乃至周身皮肤，逐渐生有感觉。有感觉始可沾粘。有沾粘，始可将敌吸住。沾粘劲为入门初步，此劲不通，难以深入其他之内劲。

2. 听劲

所谓听，并非用耳，而以皮肤之触觉去感知敌劲。故必先掌握沾粘劲将敌紧紧吸住。能沾粘，才能听；能听，才能懂敌劲之变化。听劲之关键在于松腰腿，敛气凝神，做到松、柔、沉、静、稳，否则无从准确听敌之劲。

3. 化劲

化劲中须含沾粘劲和掤劲，否则不能化。机枢在腰而不在手、肩，否则是谓硬拨，非真太极拳之化劲也。其要点是我顺人背，须有往复折叠和进退转换，使敌无法知我劲路，从而达到使对方处于背势的境地。劲不可化尽，化尽则我之沾粘劲易断，而去势随之远矣。又不可过早或过迟，太早未到，无有所化；过迟则敌劲已着，化之无益。运用化劲最恰当的时机是敌劲将出而未全出、将至而未全至之际。化之得势，发之才有效。

4. 发劲

发劲为太极技击中攻敌之内劲。习发劲之初，当先知劲路。发劲须制敌之“根”。人之全身，足为根，身为枝，头为叶；人之上身，肩为根，肘为枝，手为叶；人之下身，腿为根，膝为枝，足为叶。发人，先制其根，是取胜的关键。能明此旨，方可发人。

发劲必须达到机势、方向、时间三要点，三者不可缺一。机势，即己势顺敌势背，在对方重心偏离之际。方向，或上或下，或左或右，或正或隅，均须随敌之背而发之。时间，即在敌旧劲已完，新劲未生之时，为最确当。三者俱全，则发人甚易。犹如弹丸脱手，无往不利。发劲时己身应尾闾中正，坐腰松胯，虚领顶劲，沉肩坠肘，气贴脊背，而贯之于肢体，目注对方，勿存疑虑之心，意欲发之于远。此方得太极发劲之妙谛。

5. 提劲

提即上提拔高之劲，用沾粘劲拔敌之根，使其重心倾斜。提的方法全在腰腿，非用手提，手提则重而笨，易被人发觉。提时桩步须稳，丹田气松，虚领顶劲，敛气凝神，用腰腿劲向上沾提，方向、距离、身法、步法，处处与对方相合，方能奏效。

6. 掤劲

掤劲在推手中甚为重要，运用时前臂与胸部须保持一定距离，功夫越深，距离越小。无论左旋右转，前进后退，此劲均不可丢。运用腰腿劲，配合引劲、化劲，前臂旋转滚动，使敌力转向斜方而不能攻入。

7. 捋劲

捋劲是在掤劲基础上将敌劲后引，使敌重心偏离，仆向我身之后方。劲源主要在于腰胯的拧坐，带动两肩下沉，扣劲转体，催动两臂向后方引带。捋中有提，捋中有沉，转动腰部，顺应敌劲方向，方能得心应手。不能捋，即不能使对方前俯，更不能移动其重心。重心不动，取胜难矣。

8. 挤劲

以前臂挤击人身，其劲力产生于腰腿。挤时，后腿有蹬劲，前腿有弓劲，腰有挺劲、长劲。由此催动两臂向前产生推压之劲。

9. 按劲

按以单手或双手按击人身或连臂带人按发。按以顺步为得势，须坐腰松胯，虚领顶劲，沉肩坠肘，上身勿前俯，俯则重心向前，易被化引。按发中分有长劲、截劲、沉劲等，可随机而施。

10. 采劲

即以手执人手腕或肘部，往下沉采。其劲力主要来源于腰的拧劲，胯的坐

劲、裹劲，腿的剪劲，脚掌的抓劲。运用这些劲力催动两肩，带动两臂随身体向下沉采。

11. 挒劲

挒劲主要是一个横向的劲力。不管是左挒或右挒，全靠腰胯的拧坐劲、塌劲，两脚的扣劲，带动两臂向左右横挒。

12. 肘劲

此乃钻心之劲，应与膝相合，用腰腿劲加以意气，己身正直，虚领顶劲，含胸拔背，松肩沉肘，尾闾收住，后脚有前蹬劲，前腿有弓劲，眼神注视对方。

13. 靠劲

一般指以肩背靠击人之上半身。一旦靠贴住对方，即用抖劲发放。靠时己身中正，肩与胯合，不可以肩硬撞敌身。其劲力主要有后腿的蹬劲，腰的挺劲，催动背、肩靠击对方。靠击时要求身体发出快速突然的抖劲。

2.2 太极拳基本技法及其特点

2.2.1 太极拳基本技法

太极拳基本技法主要包括 10 个方面，概括如下。

1. 虚灵顶劲，气沉丹田

虚灵顶劲：即“顶头悬”。头部是人身之纲领，拳论说：“精神能提得起，则无迟重之虞”，“尾闾中正神贯顶，满身轻利顶头悬”。可见，顶头悬在身法中很重要。练习太极拳时讲究头部端正、顶平、项直、颏收，要求百会穴轻轻上提。

气沉丹田：上“丹田”，眉心；中“丹田”，心窝；下“丹田”，脐下三寸。气沉丹田是身法端正，宽胸实腹，使膈肌下降，胸腔扩大，容纳更多气体，以意导气，意在丹田。太极拳运动时一般采用腹式呼吸，达到“身动、心静、气敛、神舒”的境地。腹式呼吸可使气息深长、自然、匀细、配合动作的开合、屈深、起落、进退、虚实等变化，使太极拳练习更协调、圆活、轻灵、沉稳。

2. 含胸拔背，松腰敛臀

含胸拔背：胸部微向内含，胸廓有宽舒的感觉。在肩锁关节放松，两肩微合，两肋微敛的姿势下，通过动作使胸腔增大，这样有助于腹式呼吸。含胸与拔背是互相联系的，拔背是在含胸时背部肌肉向下松沉，大椎穴向后上方拔，这样，背部肌肉就有一定的张力和弹性，皮肤有绷紧的感觉。凡是运用化劲的手法，都离不开含胸的辅助，而拔背则是为了有利于发放劲。

松腰敛臀：练习太极拳在含胸、沉气时，须松腰，腰松沉，背向外略呈弧形，这样会使坐身或蹲身的姿势更稳健。更主要的是松腰对动作的进退走转，腰带四肢的活动以及动作的完整性起着主导作用。敛臀是在含胸拔背和松腰的基础上使臀部稍内收，主要作用是在“气沉丹田”的要求下能使腹部充实团聚。敛臀时，应尽量放松臀部和腰部肌肉，使臀肌向外下方舒展，然后轻轻向前、向内收敛，好像用臀把小腹托起来似的。

3. 圆裆松胯，尾闾中正

圆裆松胯：裆，这里指会阴部分。头顶百会穴的“虚领顶劲”要与会阴穴上下相应，这是保持身法端正，气血贯通的锻炼方法。裆要圆要实。两胯撑开，两膝微向里合，裆自然能撑圆。会阴处微微上提，裆自然会实，加上腰的松沉，臀的收敛，使下肢更有力，桩步更稳固。

尾闾中正：“尾闾”即尾骨尖，是关系躯干，动作姿势“中正安舒”“支撑八面”的准星。尾闾不正，身体必斜，中心偏离动作姿态必然歪扭。所以太极拳运动非常重视尾闾中正，不论是直的动作还是斜的动作，都必须保持尾闾与脊椎成直线，处于中正状态。更重要的是，尾闾中正还有助于下盘的稳固。否则重心偏斜，使下盘与躯干劲力间断，这是太极拳的大忌。

4. 沉肩坠肘，舒指坐腕

沉肩坠肘：练习太极拳时在松肩的前提下要求沉肩坠肘，两臂由于肩肘沉坠会有一种沉重的内劲的感觉。这种劲，外似绵软，内实刚健，犹如“绵里藏针”。两肩除沉坠之外还要有微向前合抱的意识，这样胸部完全含虚，使脊背成圆形。两肘下坠之外，也要微向里裹。这样的沉肩坠肘才能使劲力贯穿到上肢

手臂。

舒指坐腕：手指自然伸展，手腕关节向手背、虎口一侧自然屈起。掌的动作是整体动作的一部分，许多掌法都是和身法动作连成一气的。因此，舒指坐腕实际上是将全身劲力通过“其根在脚，发力于腿，主宰于腰，形于手指”即“起于根，顺于中，达于稍”节节贯穿，势势顺达的，才能完整一气，上下合一。

5. 动如抽丝，步如猫行

太极拳运动要像抽丝那样既缓慢又均匀，迈步要像猫走路那样，轻起轻落，既稳又静，十分轻灵。静是太极拳特点之一，练习时首先要做到心里安静，排除杂念，使精神完全集中到运动中来。心静才能用意不用力，使动作像抽丝那样轻稳、均匀，即保持匀速。

6. 虚实分明，转换灵活

虚实，即上下肢的虚实，支撑重心多的为实，少的为虚，前打出拳是实，后坐回收为虚；进攻为实，防守为虚，虚实分明有利于动作转换，重心移动清晰，步法转换不拖拉。

7. 动静有常，势势均匀

动作相对结束的一瞬间要静，架势不忽高忽低，在出步的瞬间应下降重心，步定型时重心微起，然后下落，但看不出来，应该隐于内。

8. 连绵不断，势正招圆

连贯绵软，自始至终贯穿一气，中间无明显停顿；架势中正，不拘谨不僵硬，劲力连贯，不断劲，处处带弧形，有弧不见弧。

9. 心静体松，力由意生

心里安静，排除杂念，使精神完全集中到运动中来。练习时用意不用力，心静才能用意不用力，以意导气，以气催力。练习时要相信“我的力可以穿过大山、地球……”。

10. 内宜鼓荡，外示安逸

鼓荡是内在精神的要求，即精神振奋的意思，且这种振奋是沉着的内敛的并不流于形色，表现的是安逸的。

2.2.2 太极拳技法特点

1. 精神集中，意识引导

心静意连是练太极拳最主要的原则，这个原则应始终贯穿在整个练习过程之中。练习太极拳从起势未动之前就要“入静”，不要思考其他的问题，然后再开始动作，要把全部精神集中起来去引导全部动作，这就是常说的“神为主帅身为使”“意动神随”。例如，手向前推时，先要想象前面有物体，而后想把这物体向前推动，紧接着手即跟着前推。有些人在练拳时把“心静”练成闭目养神的半睡眠状态，动作松懈、无精打采，这和太极拳“静中触动动犹静”的要求是不符合的。

要做到意识引导动作，除了要静和注意力集中外，很重要的一点是要有想象力。根据各种不同动作要想象出这些动作是作用于某一物体且依据太极拳各种动作的攻防作用，想象出“影子”进行攻防对练，这样才能做到意识引导动作，形象才能逼真。

2. 注意放松，不用拙力

太极拳的放松，不是全身的松懈疲惫，而是在身体自然活动或原定情况下，使那些不参与该动作的肌肉做到最大可能的放松。做动作时避免使用拙力和僵劲。

要放松，必须身法中正不偏，不可前俯后仰、弯腰、屈背。武术有句俗语“低头弯腰，传授不高”。因此，太极拳练习中强调头部要“虚灵顶劲”（提顶），躯干要“含胸拔背”，上肢要“沉肩坠肘”，臀部要“圆裆松胯，尾闾中正”。

3. 上下相随，周身协调

太极拳是使身体全面锻炼的一种运动项目，不是单独操练身体的某一部分，因此就必须通过躯干和四肢的相应运动来达到全面锻炼的目的。理论上要求“一动无有不动，一静无有不静”，“由脚而腿而腰总须完整一气”等，这些都是形容周身协调的说法。任何一个动作，其劲要从脚开始（其跟在脚），发于腿，主宰于腰，形于手指。由脚—腿—腰—手，须连成一气，还要结合眼法，周身协调配合。这叫作“一动百动，有一不动则散乱”。

要周身协调必须做到：（1）重心移换要正确；（2）手脚的有机配合；（3）以腰为轴来带动肢体活动；（4）呼吸精神与动作的有机配合，即意、形、气三者合一。初学者要先通过单式练习，以求得躯干与四肢的协调，同时也要单练步法、步型等基本动作，锻炼下肢支撑力量。然后再通过全部的动作连贯练习，使步法的进退与躯干的旋转相互配合，逐渐地达到全身既协调又完整，从而使各部位得到平均的锻炼和发展。

4. 虚实分明，重心稳定

拳理中说："迈步如猫行，运动如抽丝"，就是形容练太极拳应当注意脚步轻灵和动作均匀。要做到这一点，首先要注意虚实变换适当，使肢体各部位在运动中没有丝毫不稳定的现象，假如不能维持身体的平衡稳定，那就根本谈不上什么轻灵、均匀和迈步如猫行。太极拳的动作无论怎么复杂，首先要把自己安排得很舒适，这是太极拳要求"中正安舒"的基本原则。

根据身体方向和位置的活动，重心也随之不断改变，以维持身体的平衡。旋转的动作应先把身体稳定住，由提膝换步。进步时，脚跟先着地，然后全脚踏实；退步时，脚尖先落地，然后全脚踏实；提步时，也是脚跟先离地，脚尖再提起，进退须有转换，步随身换，先落脚然后再慢慢地改变重心。同时，沉肩、松腰、松腹，也都是帮助重心稳定的主要环节。练习日久，无论动作快慢，都不会产生左右摇摆和上重下轻的毛病。

5. 呼吸自然，气沉丹田

练太极拳要求呼吸自然，不要因运动而引起呼吸急促，不应该受到丝毫阻碍。初学者，首先要保持自然呼吸，动作不要受呼吸的限制，呼吸更不能受动作的拘束。动作熟练后，可根据个人锻炼和体会的程度，毫不勉强地随着速度的快慢和幅度的大小，按照起吸落呼、开吸合呼、向前向下按时呼和向上向后收时吸的原则，使呼吸与动作自然配合，这就是所谓的"拳式呼吸"。例如，在起式的两臂慢慢前平举时要吸气，下落合抱时要呼气。通过气沉丹田的腹式呼吸运动加强了横隔膜的活动，带动内脏做轻微的自我按摩运动，使内脏器官也得到锻炼。呼吸时还必须做到有节律的深、长、细、缓、匀五个字。

第3章　太极拳基本技术和动作要领

3.1　太极拳的基本姿势要求

练习太极拳时对身体各部位的姿势形态有较高要求，具体如下。

3.1.1　头部

练习太极拳时，对头部姿势的要求是很严格的。所谓“头顶悬”“虚领顶劲”，或“提顶”“吊顶”的说法，都是要求练习者头向上顶，避免颈部肌肉硬直，更不要东偏西歪或自由摇晃。头颈动作应随着身体位置和方向的变换，与躯干的旋转上下连贯协调一致。面部要自然，下颌向里收回，口自然合闭，舌上卷舔住上腭，以加强唾液的分泌。

眼神要随着身体的转动，注视前手（后划时看后手）或平视前方，既不可皱眉怒目，也不要随意闭眼或精神涣散。打拳时，神态力求自然，注意力一定要集中，否则会影响锻炼效果。

3.1.2　躯干部

1. 胸背

太极拳要领中指出要“含胸拔背”，或者“含蓄在胸，运动在两肩”，意思是说在锻炼过程中要避免胸部外挺，但也不要过分内缩，应顺其自然。“含胸拔背”是互相联系的，背部肌肉随着两臂伸展动作，尽量地舒展开，同时注意胸部

肌肉要自然松弛，不可使其紧张，这样胸就有了“含”的意思，背也有了“拔”的形式，从而也可免除胸肋间的紧张，呼吸调节也自然了。

2. 腰脊

人体在日常生活中，行、站、坐、卧要想保持正确的姿势，腰脊起着主要作用。在练习太极拳的过程中，身体要求端正安舒，不偏不倚，腰部起着重要的作用。过去有人说“腰脊为第一之主宰”，又说“刻刻留心在腰间，腹内松静气腾然”“腰为车轴”等，都说明了如果腰部力量中断或在身体转动中起不了车轴作用，就不可能做到周身完整一气。练习时，无论是进退或旋转，凡是由虚而逐渐落实的动作，腰部都要有意识地向下松垂，以帮助气的下沉。注意腰腹不可用力前挺，以免影响转换时的灵活性。这样腰部向下松垂，可以增加两腿力量，使下盘得到稳回，使动作既圆活又完整。

在配合松腰的要领当中，脊椎骨要根据生理正常姿态竖起，不可因松腰而故意后屈、前挺或左右歪斜，以致造成胸肋或腹部肌肉的无谓紧张。通过腰部维护身体的重心，能使动作既轻灵又稳定。可见，腰脊确是练太极拳的第一主宰。

3. 臀部

练太极拳时要求“垂臀”（或称“敛臀”），这是为了避免臀部凸出而破坏身体的自然形态。练习时，要注意臀部自然下垂，不要左右扭动。要在松腰、正脊的要求下，臀部肌肉要有意识地收敛，以维持躯干的正直。总之，垂臀和顶头的要求一样，应用意识调整，不是用力去控制。

3.1.3　腿部

在练习太极拳的过程中，进退的变换、发劲的根源和周身的稳定，主要在于腿部。因而在锻炼时，要特别注意重心的移动、脚放的位置和腿弯的程度。练拳人常讲：“其根在脚，发于腿，主宰于腰，形于手指”，可见腿部动作姿势的好坏，关系着周身姿势的正确与否。腿部活动时，首先要求胯和膝关节放松，这样可以保证进退灵便。脚的起落，要轻巧灵活；前进时脚跟先着地，后退时脚掌先着地，然后慢慢踏实。

初学的人，往往感到顾了手顾不了脚，而且大多数人只注意了上肢的动作，而忽略了腿脚的动作，以致影响了整个拳架的学习。应该充分认识腿脚动作在姿势变换中的重要性。认真学好各种步型步法。在练架子时，必须注意腿部动作的虚实，除“起势”、“收势”和“十字手”外，避免体重同时落在两腿上。所谓腿部动作的落实，就是体重在右腿则右腿为实，左腿为虚；体重在左腿则左腿为实，右腿为虚。但是，为了维持身体平衡，虚脚还要起着一个支点的作用（如“虚步”的前脚和弓步的后脚）。总之，既要分清虚实，又不要绝对化。这样，进退转换不仅动作灵活稳定，而且可使两腿轮换负荷与休息，减少肌肉的紧张和疲劳。

3.1.4 臂部

太极拳术语中讲“沉肩坠肘”，就是要求这两个部位的关节放松。肩、肘两个关节是相关联的，能沉肩就能坠肘。运动时应经常注意肩关节松开下沉，并有意识地向外引伸。

太极拳对手掌部位的要求是：凡是收掌的动作，手掌应微微含蓄，但又不可软化、飘浮；当手掌前推时，除了注意沉肩垂肘之外，同时手腕要微向下塌，但不可弯得太死。手法的屈伸翻转，要力求轻松灵活。出掌要自然，手指要舒展（微屈）。拳要松握，不要太用力。

手和肩的动作是完整一致的，如果手过度向前引伸，就容易把臂伸直，达不到“沉肩坠肘”的要求；而过分地沉肩坠肘，忽略了手的向前引伸，又容易使臂部过于弯曲。总之，做动作时，臂部始终要保持一定的弧度，推掌、收掌动作都不要突然断劲，这样才能做到既有节奏又能连绵不断，轻而不浮、沉而不僵，灵活自然。

3.1.5 眼法

眼法，是指打拳时眼神的运用方法。其要领是：定势时眼平视前方或注视前手；换势时，眼睛与手法、腿法、身法协调配合，势动神随，神态自然，精神贯注。

3.2 手型和主要手法

手型指的是手的基本造型。太极拳中主要有拳、掌、勾三种基本手型，规格要领如下。

3.2.1 手型

1. 拳（图3.2.1）

五指卷屈，自然握拢，拇指压于食指、中指第二指节上。

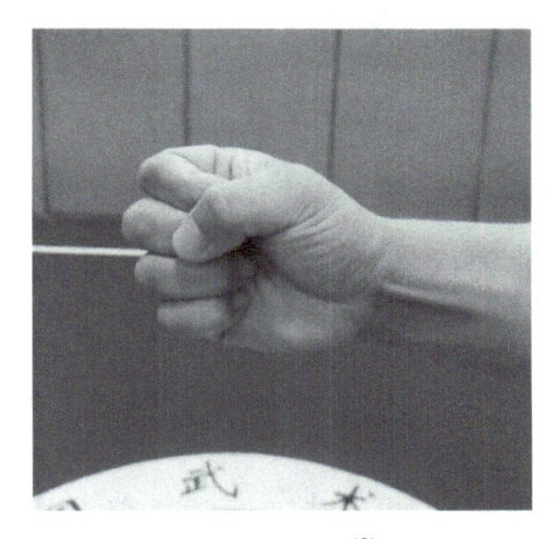

图3.2.1 **拳**

2. 掌（图3.2.2）

五指微屈分开，掌心微含，虎口成弧形。

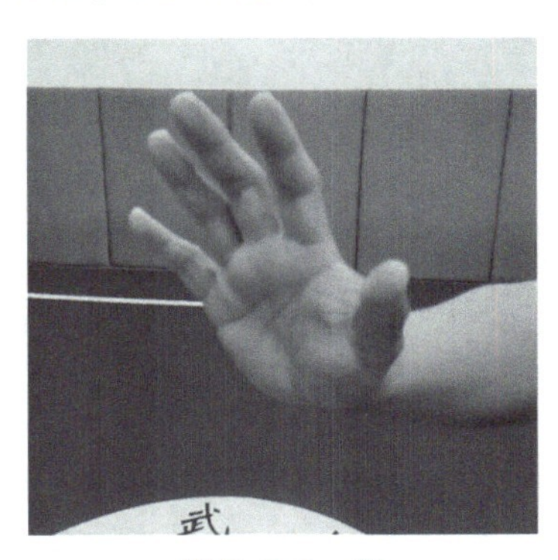

图3.2.2 **掌**

3. 勾（图 3.2.3）

五指第一指节自然捏拢，屈腕。

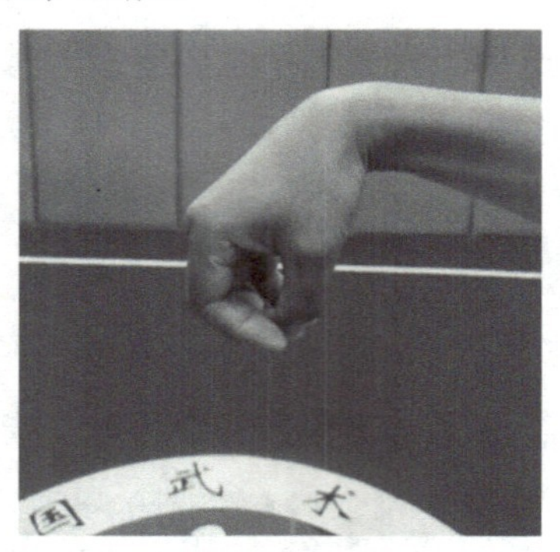

图 3.2.3　勾

各种手型都要求用力自然、舒展，不可僵硬。握拳不要过紧；掌指不要僵直，也不要松软过屈；腕部要保持松活。

3.2.2　手法

1. 掤（图 3.2.4）

臂成弧形，前臂由下向前掤架，横于体前，掌心向内，高与肩平；着力点在前臂外侧。

图 3.2.4　掤

2. 捋（图 3.2.5 ）

两臂稍屈，掌心斜相对，两掌随腰的转动，由前向后划弧捋至体侧或体后侧。

捋（1）

捋（2）

图 3.2.5　捋

3. 挤（图 3.2.6）

后手贴近前手的前臂内侧，两臂同时向前挤出；挤出后两臂撑圆，高不过肩，

正面

侧面

图 3.2.6　挤

图 3.2.7　按

低不过胸，着力点在后手掌指和前手的前臂。

4. 按（图 3.2.7）

两掌同时由后向前下方按；按出后，手腕高不过肩，低不过胸，掌心向前下方，指尖朝前上方；臂微屈，肘部松沉。按时与虚腿、松腰协调一致。

5. 打拳（冲拳）（图 3.2.8）

拳从腰间旋转向前打出；打出后拳眼向上成立拳，高不过肩，低不过裆，臂微屈，肘部不可僵直，着力点在拳面。

正面

侧面

图 3.2.8　打拳

6. 贯拳（图 3.2.9）

拳从侧下方向斜上方弧形横打；臂稍屈，高不过头顶，着力点在大拇指处的拳面上。

正面

侧面

图 3.2.9　**贯拳**

7. 穿拳（掌）（图 3.2.10）

拳沿着另一手臂或大腿内侧伸出。

穿拳（1）

穿拳（2）

图 3.2.10　**穿拳（掌）**

图 3.2.11　抱掌

8. 抱掌（抱球）（图 3.2.11）

两掌心上下相对或稍错开，在体前或体侧成抱球状；上手高不过肩，下手约与腰平，两掌撑圆，两臂成弧形，松肩垂肘，通常与丁字步合用。

9. 云手（图 3.2.12）

两掌在体前交叉向两侧划立圆，指高不过头、低不过裆；两掌在云拨中翻转拧裹。

云手（1）

云手（2）

云手（3）

图 3.2.12　云手

10. 架掌（图 3. 2. 13）

屈臂上举，掌架于额前斜上方，掌心斜向外。

图 3. 2. 13　**架掌**

11. 撑掌（图 3. 2. 14）

两掌上下分撑，对称用力。

图 3. 2. 14　**撑掌**

12. 采（图 3.2.15）

掌由前向斜下捋带。

图 3.2.15　采

13. 挒（图 3.2.16）

掌向斜外侧拧打。

图 3.2.16　挒

14. 靠（双分靠）（图 3.2.17）

肩、背或上臂向斜外发力。

图 3.2.17　**靠**

15. 滚肘（图 3.2.18）

前臂竖于体前，边旋转边向外撅挡。

滚肘（1）

滚肘（2）

图 3.2.18　**滚肘**

各种手法均要求走弧形路线，前臂做相应旋转，不可直来直往，生硬转折，并注意与身法、步法协调配合。臂伸出后，肩、肘要松沉，腕要松活，掌指要舒展，皆不可僵硬或浮软。

3.3 步型和步法

3.3.1 步型

步型是定势时下肢具有的形态。定势指运动中动作完成构成的短暂静止姿态。太极拳的基本步型有以下几种。

1. 弓步（图 3.3.1）

前腿屈膝，大腿斜向地面，膝与脚尖基本垂直，脚尖直向前；后腿自然伸直，脚尖斜向前 45°～60°。两脚全脚着地，不可交叉或在同一直线上。

正面

侧面

图 3.3.1 弓步

2. 虚步（图 3.3.2）

后腿屈蹲，大腿斜向地面（高于水平），脚跟与臀部基本垂直，脚尖斜向

前，后脚全脚着地；前腿稍屈，用前脚掌、脚跟或全脚着地。

虚步（1）　　虚步（2）

图 3. 3. 2　**虚步**

3. 仆步（图 3. 3. 3）

一腿全蹲，全脚着地，脚尖稍外展；另一腿自然伸直于体侧，接近地面，全脚着地。

图 3. 3. 3　**仆步**

4. 独立步（图 3.3.4）

支撑腿微屈站稳，另一腿屈膝提起，举于体前，大腿趋于水平。

正面

侧面

图 3.3.4　独立步

5. 丁字步（点步）（图 3.3.5）

一腿屈蹲，全脚着地，另一腿屈收，脚停于支撑脚内侧或侧前、侧后约 10 厘米处，前脚掌虚点地面。

正面

侧面

图 3.3.5　丁字步

6. 横裆步（侧弓步）（图 3.3.6）

两脚左右开立，同弓步宽，脚尖皆斜向前；一腿屈蹲，膝与脚尖垂直，另一腿自然伸直。

图 3.3.6　横裆步

7. 马步（图 3.3.7）

两脚左右开立，约为脚长的三倍；脚尖正对前方、屈膝半蹲。

图 3.3.7　马步

各种步型都要自然稳健，虚实分明。胯要缩，膝要松，臀要敛，足要扣。两脚距离保持适当跨度，两脚不要踩在一条线上，以利松腰松胯、气沉丹田、稳定重心。

3.3.2 步法

上步：后脚向前一步或前脚向前半步。

退步：前脚向后退一步。

撤步：前脚或后脚向后退半步。

进步：两脚连续各前进一步。

跟步：后脚向前跟进半步。

侧行步：两脚平行，连续依次侧移。

盖步：一脚经支撑脚前向侧方落。

插步：一脚经支撑脚后向侧方落。

碾脚：以脚跟为轴，脚尖外展或内扣；以前脚掌为轴，脚跟外展。

各种步法变换要求轻灵沉稳，虚实分明。前进时，脚跟先落地；后退时，前脚掌先落地，迈步如猫行，不可平起平落、沉重笨滞。两脚前后和横向距离要适当，脚掌或脚跟碾转要适度，以利重心稳定，姿势和顺。伸直腿要自然，膝部不可挺直。

3.4 腿法

3.4.1 蹬脚（图3.4.1）

支撑腿微屈站稳，另一腿屈膝提起，小腿上摆，脚尖回勾，脚跟外蹬，高过腰部。

图 3.4.1　蹬脚

3.4.2　分脚（图3.4.2）

支撑腿微屈站稳，另一腿屈膝提起，然后小腿上摆，脚面绷平，脚尖向前踢出，高过腰部。

图 3.4.2　分脚

第 4 章　太极拳轻松练习法

太极拳轻松练习法是以天龙太极技术为核心指导，针对非专业太极习练者的思维、生理及时间特点，结合运动训练学方法及作者多年实践练习经验总结出来的一套太极拳基本功练习方法。

本书介绍的轻松练习法包含基本功单人动作练习、基本功双人动作练习、套路练习三个部分。

基本功单人动作练习包括原地基本功动作练习和活步基本功动作练习。

原地基本功练习主要针对太极拳运动过程中身体参与的重要部位，进行动作习惯改变和精准部位感觉提升的训练，为适应不同场景的变化做准备。一气多呼提升对气息掌控的练习，为后期发力不用力，以气带力做准备。桩功作为放松练习的一种场景检验，为更快速进入放松状态做感觉准备。

活步基本功练习主要是针对腰髋的动态核心灵活度进行提升，带动四肢相互连动，完成重心和身体站位角度的快速变化，长期练习可使身法、步法之间能更轻松地配合，并为可能发生的场景做体态准备。

基本功双人动作练习主要是听劲的练习。听劲练习是太极拳训练与技术运用中必不可少的阶段，主要是练习身体对外界变化的感知能力。

套路是综合性的练习，它把基本功中的断开、连接进行架势展现，在动态的过程中，感受劲的传递、呼吸的配合以及身体角度变化等。

本章最后介绍的太极整复（运动整复）练习，是通过将练习太极拳的“整体观念”及太极拳练习产生的“劲道”运用在身体调整中，修正失衡的软组织及关节，使身体恢复正常的使用功能并激发自我康复机制的一种徒手自然疗法。它是以解剖学、生物力学以及中医理论为基础，融合了太极拳的养生思想和西方身心学所建构的一套体系。其目标在于帮助患者恢复肢体原本的运动功能，提升人们的身体动作质量和身体形态。

4.1 基本功单人动作练习

4.1.1 原地基本功动作

4.1.1.1 放松状态

放松状态是指在外界有影响的情况下，人体可以用最小的力量来完成每个动作的状态。所以放松不是不用力，而是用最小力。

断开

因为断开状态与达到放松状态的感觉是相同的，所以我们可以先假定放松状态等同于断开状态。

一般以人体躯干的三个部位的放松为放松状态的主要表现形式，这三个部位分别为膝盖、命门、胸口。

1. 动作练习过程

准备姿势为整体直立，两脚左右开立与肩同宽，以脚跟为轴，脚尖外八字打开 30 度左右，目视前方，如图 4. 1. 1 所示。

正面　　　　侧面

图 4.1.1　准备姿势

首先，膝盖的放松。

膝盖的放松较为简单，身体笔直下沉，膝盖自然弯曲，弯曲过程中感受力的大小，大腿前面肌肉群略有吃力感即可，如图 4.1.2 所示。

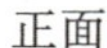

正面　　　　侧面

图 4.1.2　膝盖放松

易犯错误：膝盖弯曲过多，膝盖超过脚尖，膝盖内扣用力。

接着，命门的放松。

命门的位置在肚脐的正后方，命门放松是命门穴（三、四腰椎往后突出，身体依然保持中正，大腿面及髋关节往前顶，如图 4.1.3 所示。当有坐在板凳上或者靠在墙上的感觉，大腿不会感觉到很吃力的状态出现时，命门放松状态产生。

易犯错误：臀部没有前顶，形成撅屁股状态（图4.1.4）。

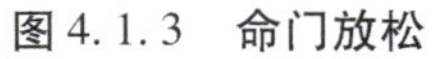
图4.1.3　命门放松

图4.1.4　命门放松错误姿式

最后，胸口的放松。

胸口的放松需要和胸口的绷紧相对比，其放松过程为：先用胸式呼吸的吸气撑开胸腔，避免两肩用力，然后慢慢吐气，在吐气时胸腔气压会逐渐减小，在减小的过程中找到一个变化的临界点，就是在吐气时，后背会跟着做用力动作，在后背准备用力动之前的那个临界状态就是胸口的放松状态，如图4.1.5所示。

易犯错误：（1）用肩膀和胸肌拉伸扩胸吸气；（2）含胸过度，形成拔背（图4.1.6）。

图4.1.5　胸口放松

图4.1.6　拔背

膝盖、命门、胸口依次完成断开之后即达到基础放松状态。此时，身体保持中正，目视前方，两只脚整脚着地，如图 4. 1. 7 所示。

正面

侧面

图 4. 1. 7　**基础放松**

易犯错误：重心落在脚跟上，眼睛没有直视。

除了以上三个部位的放松练习之外，在后期的增强练习中还会加入第四个点中脘的放松。中脘的放松能够更好地提高身体灵活度及动能传递效果。中脘的放松，也就是胸椎和腰椎联合处的后突过程，在后续的增强训练中出现较多，这个点相对难以控制，是传递动能及产生更多空间变化的一个重要部位，如图 4. 1. 8 所示。

图 4. 1. 8　**中脘放松**

2. 动作练习要领

（1）放松练习多以膝盖、命门、胸口三个部位练习为主，三个身体部位依次放松后，身体能更好地达到放松状态。

（2）在做放松练习时，需要配合呼吸吐气，呼吸吐气的方法是：把吸气完成时的气量定为10份气，在三个动作依次放松的过程中，每次每个点吐出大约3份气，最后放松状态完成时，我们胸腔内仍留有大约1份气作为连接下一个吸气的转换气，避免因气息不足造成的猛吸气或憋气而使身体僵硬。

4.1.1.2　连接状态

连接状态又可理解为节节贯穿的波浪起身动态过程，指练习太极拳时，各部位关节依次而动，动能依次传递。连接状态以身体的躯干部位动能最大，所以要先控制好身体躯干部位的运动，并使动能从下往上传递，因动作形态像水的波纹，所以也可以称之为波浪起身。

连接

1. 动作练习过程

在身体处于放松状态的前提下，膝盖（图4.1.9）、大腿面（图4.1.10）、小腹（图4.1.11）、中脘（图4.1.12）依次做往前顶的动作，幅度不宜过大，3～5厘米的幅度，当运动到中脘时，开始顶胸口（图4.1.13）并同步吸气（图4.1.14），这时前面做的重心前移的动能被吸气转换成往上的运动，脚尖会出现自然蹬地的感觉，身体会像杆子一样笔直拔起，脚后跟离开地面（图4.1.15）。

图4.1.9　顶膝盖

图 4. 1. 10　顶大腿面

图 4. 1. 11　顶小腹

图 4. 1. 12　顶中脘

图 4. 1. 13　顶胸口

图 4. 1. 14　吸气

图 4. 1. 15　脚后跟离开地面

易犯错误：（1）节奏速度不均匀；（2）眼睛没有始终目视前方；（3）提前吸气，动能传递受损；（4）主动蹬地向上。

2. 动作练习要领

练习过程中需要注意以下几点：

（1）放松状态开始转换波浪状态时，屁股不要后摆。

（2）动作过程速度相对均匀，不能刻意加速。

（3）依次做连接动作，不能逾越。

（4）当到达中脘时，积极衔接吸气动作，使动能有效转换方向。

（5）避免前趴后仰，眼睛始终平视远方。

（6）避免直接脚尖蹬地来刻意寻找向上的效果。

4.1.1.3　断开连接循环（阴阳转换）

1. 动作练习过程

阴阳转换

预备姿势为两脚开立，与肩同宽，脚尖外八字舒适站立。动作练习过程如下：

（1）吸气直立上拔拉长身体；

（2）依次放松膝盖、命门、胸口形成放松状态（图 4. 1. 16）；

（3）波浪起身连接膝盖、大腿面、命门、中脘往前运动，到达胸口吸气，转化动能上拔，脚尖自然蹬地，形成连接状态（图 4. 1. 17）；

图 4. 1. 16　放松状态

图 4. 1. 17　连接状态

(4) 膝盖放松断开（图 4. 1. 18），转化动能朝下运转，脚尖不动（图 4. 1. 19）；

图 4. 1. 18　松膝盖

图 4. 1. 19　松膝盖脚尖状态

(5) 小腿放松，控制脚后跟慢速着地（图 4. 1. 20）；

(6) 吸气直立上拔拉长身体（图 4. 1. 21），继续循环练习。

图 4. 1. 20　脚跟落地状态

图 4. 1. 21　起身状态

易犯错误：(1) 急于完成下一个动作，身体变僵硬；(2) 呼吸和身体不能配合，造成憋气现象。

2. 动作练习要领

(1) 动作均匀，环环相扣。

(2) 身体下沉吐气，向上吸气，吐气后务必留住部分气息。

(3) 目视前方，避免前趴后仰。

4.1.1.4　起式

起式

“练拳先从无极始，阴阳开合认真求”“太极入门在无极，练拳须从无极始”，起式作为太极拳运动的起始阶段，不仅隐喻着“无极—太极—阴阳—万物”的自然生化原理，而且暗藏各种劲别和太极拳基本原则。所以理解起式才能更好、更深入地理解太极拳拳理。起式对动作节奏、运动方向、呼吸吐纳、劲法运用等都有核心体现。

起式的两个关键要素就是放松（太极之阴）和连接（太极之阳），前面对此已经做了动作分解，起式就是在完成这两种状态的动作里面加入了手臂的动作以及呼吸来完成其主体框架。

1. 起式的准备动作

两脚开立与肩同宽，脚尖八字外展，目视前方保持在运动过程中，两臂自然垂于身体两侧（图 4.1.22）。

正面　　　　侧面

图 4.1.22　起式站位

2. 动作练习过程

第一步：放松膝盖、命门（图 4.1.23），放松胸口、手臂（图 4.1.24），此时手臂会自然垂于大腿前面。

正面

侧面

图 4. 1. 23 松膝盖、命门

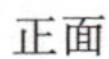

正面

侧面

图 4. 1. 24 松胸口、手臂

第二步：依次完成膝盖前顶、大腿面前顶、小腹前顶、中脘前顶、胸口吸气的波浪连接起身过程（图 4. 1. 25）。

正面

侧面

图 4. 1. 25 波浪起身

在胸口吸气的同时小臂肌肉引领大拇指做内旋动作，肘关节被自然甩起（图 4. 1. 26），小臂、手腕顺势甩起（图 4. 1. 27）。

正面

侧面

图 4. 1. 26　**起肘**

正面

侧面

图 4. 1. 27　**起手**

第三步：放松膝盖、命门（图 4. 1. 28），放松胸口，肘关节下坠大臂贴于肋骨（图 4. 1. 29）。

正面

侧面

图 4. 1. 28　**松膝盖、命门**

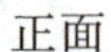
正面

侧面

图 4. 1. 29　**含胸坠肘**

第四步：大臂贴着肋骨后收、两手大拇指贴于肋骨（图 4. 1. 30），身体整体直立上拔、双掌在身体上拔的过程中往下松按掌根，身体直立之后两掌仍立腕，手掌跟有撑按感（图 4. 1. 31）。

正面　　　　　　　　侧面

图 4.1.30　落手到肋骨

正面　　　　　　　　侧面

图 4.1.31　按掌起身

以上是八个节奏的起式练习过程，概括起来就是：膝盖命门连起来放松—胸口和手臂连起来放松—身体做连接波浪起身—起肘关节、小臂、手腕—松膝盖、命门—松胸口坠肘—大臂后收至大拇指贴于肋骨—按掌起身。

还有四个节奏的起式练习过程，其过程为：放松身体手臂—起身起肘起小臂—松身坠肘—收掌下按起身。在这个过程中可以加入呼吸的引导，下沉过程吐气，起身过程吸气。在起式的四个节奏中会完成两次吸气和两次吐气。

4.1.1.5　膝盖放松的三种训练

膝盖放松的三种练法

训练1：放松断开下沉（夯劲）训练

1. 放松断开下沉（夯劲）动作过程

（1）两脚开立与肩同宽，两脚脚尖呈外八字，身体直立。

（2）两手放在髋关节立腕，胸口吸气，两掌贴于肋骨顺势上提，脊柱拉长（图4.1.32）。

正面

侧面

图4.1.32　**起身吸气**

（3）膝盖以上整体用力发硬保持整体，之后膝盖快速放松下沉，与放松状态中膝盖的放松幅度一致，压住膝盖的反弹趋势（图4.1.33）。

正面

侧面

图4.1.33　**松膝盖**

（4）手掌掌根顺势下送，放松手臂和掌根是为了顺应身体重量的动能趋势（图4.1.34）。

正面

侧面

图4.1.34　松手臂

（5）还原起身吸气为下一次动作做准备（图4.1.35）。

图4.1.35　还原起身

2. *动作练习要领*

（1）下沉时，呼气分两次完成。前一次是短促的呼气，吐出的气量很少；后一次是吐长气，和手的放松速度一致。

（2）吸气上拔身体是为了提升动能。

（3）在放松下沉膝盖前，膝盖之上身体稍用力保持整体状态，也是为了提高整体动能，避免下沉过程中动能被自身多余动作或者晃动损耗。

（4）手作为传递动能的介质要在膝盖完成放松之后快速跟上放松。

（5）吐气时为了更好地控制气息，可用声音引导，如踏（TA）或大（DA），一快一慢，一声重一声轻的引导方式。短促的字音引导时感觉用气打嘴前面 10 厘米左右的物体，声音最终是气息打出来的发声，而不是自己喊出来。

训练 2：膝盖反弹训练

1. 膝盖反弹动作过程

（1）两脚开立与肩同宽，两脚脚尖呈外八字，身体直立。

（2）两手放在髋关节立腕，胸口吸气，两掌贴于肋骨顺势上提，脊柱拉长（图 4. 1. 36）。

（3）膝盖以上身体稍用力保持整体状态，膝盖快速放松下沉，比放松状态中膝盖的放松幅度小（图 4. 1. 37），这时膝盖瞬间感觉吃到劲力，此时膝盖再次做一次放松（由于前面的压力使膝盖像压紧的弹簧，所以再放松时，整体感觉向上反弹了一下），手臂顺势向上放松（图 4. 1. 38）。

图 4. 1. 36　**起身吸气**

图 4. 1. 37　**小幅度松膝盖**

正面

侧面

图 4. 1. 38　**膝盖反弹后手臂状态**

2. 动作练习要领

（1）膝盖在瞬间做了两次放松，抓住放松的反弹趋势是此动作的关键。

（2）第一次放松做快速呼气，第二次反弹快速呼气。

（3）也可用声音去引导身体的运动，用踏（TA）或大（DA）的读音。短促的字音引导时感觉用气打嘴前面 10 厘米左右的物体。

训练 3：膝盖的持续微弹训练

1. 膝盖的持续微弹动作过程

（1）两脚开立与肩同宽，两脚脚尖呈外八字，身体直立。

（2）两手放在髋关节立腕，胸口吸气，两掌贴于肋骨顺势上提，脊柱拉长。

（3）膝盖以上身体稍用力保持整体性，膝盖快速放松下沉，与放松状态中膝盖的放松幅度一致，这时膝盖瞬间感觉吃到劲力，此时膝盖再次做一次放松（由于前面的压力使膝盖像压紧的弹簧，所以再放松时，整体感觉向上反弹了一下），然后再放松膝盖向下运动，不断重复。

2. 动作练习要领

（1）在整个上下弹簧式的运动过程中，主要注意保持呼气的延长，避免憋气，憋气会使肌肉运动停滞。

（2）膝盖在微小的上下幅度中运动，保持数秒，像一个弹簧被拉紧或压缩后撤离用力后，与弹簧会保持一段时间的来回抖动的现象类似。

4.1.1.6　胸口的三种训练

胸口放松的三种训练

训练 1：含胸训练

1. 含胸动作过程

正常的含胸过程是胸口的放松需要和胸口的绷紧相对比产生。其放松过程为：先用胸式呼吸吸气，胸腔打开，两肩要避免跟随用力或者运动（图 4.1.39）；然后慢慢吐气，在吐气过程中，后背会跟着做用力动作，在后背用力之前的那个临界状态就是胸口的放松含胸状态（图 4.1.40）。

图 4.1.39　吸气状态

图 4.1.40　含胸状态

2. 动作练习要领

（1）胸口的含胸过程需要在不断习练过程中，记住放松点的感觉，然后一步到位，并且在后续的习练中不断地加速，使胸口达到快速到位的灵活状态，避免用力产生的含胸。

（2）要理解什么是加速放松的一种状态，在加速放松的时候需要注意呼吸的配合。一般加速越快，出气的声音越有爆破感，我们通常用踏（TA）和大（DA）来引导呼吸，但又不是喊出这两个字，而是用气息打出这两个音，吐气量可用喉咙肌肉和舌头的运动来控制。当使用踏（TA）和大（DA）这两个字音时，气会主动往身体里面回压，做得比较舒服的状态时，会出现气息被压回下丹田处的感觉。

训练 2：拔背训练

1. 拔背动作过程

拔背是指背部往外凸，形成大幅度的圆弧状。

在习练拔背的过程中，手臂的引导，能达到更好的效果。

准备动作起手状态为：两脚开立与肩同宽，双脚脚尖呈外八字，手臂直伸于胸前，大拇指朝上，手臂整体略低于肩关节（图 4.1.41）。

正面　　　　　　　　侧面

图 4.1.41　起手状态

练习初期用四个节奏进行习练：

（1）吸气坠肘，手腕贴于肋骨前（图 4.1.42）。

正面　　　　　　　　侧面

图 4.1.42　吸气挺胸坠肘

（2）拧转小臂使大拇指朝下，胸腔扩充到最大（图 4.1.43）。

正面　　　　　　　　侧面

图 4.1.43　拧转小臂状态

（3）放松膝盖，身体下沉，吐气，手臂不动，达到放松整体的目的，胸口处于含胸状态（图 4. 1. 44）。

正面　　　　侧面

图 4. 1. 44　吐气含胸

（4）拧转小臂，往前放松伸长，不要用大臂推动手臂，这个动作只是为了平衡拔背的重心变化。最后大拇指朝上，食指前下点延伸，背后凸起（图 4. 1. 45）。

正面　　　　侧面

图 4. 1. 45　拔背状态

习练一段时间后，可用单次吸气和呼气完成挺胸和拔背的两个动作节奏过程。

这个动作过程同时在习练胸腔和背阔肌的两个极端，一个前面胸腔的极端，一个背后脊柱的极端，长时间习练会使胸腔变大，同时还能达到灵巧控制身法的目的，武术中讲的身法大多源自胸腔和胸椎的吞吐。

2. 动作练习要领

（1）在拔背的习练中，手臂只是作为辅助性的工具，不是用手臂的用力拉

和推来达到扩胸和拔背的目的，手臂只做小臂的旋转。

（2）在手臂前旋伸展最后阶段，食指有意识地继续延伸前下点，能够让后背达到极端后拔的效果。

训练 3：含胸放松手臂训练

1. 含胸放松手臂训练动作过程

（1）准备形态起手动作为两脚开立与肩同宽，双脚脚尖呈外八字，手臂直臂于胸前，大拇指相对放于胸口（图 4. 1. 46）。

正面

侧面

图 4. 1. 46　准备形态起手

（2）胸口吸气带动手臂回收，大拇指方向朝着身体，两个肘关节抬平（图 4. 1. 47）。

正面

侧面

图 4. 1. 47　吸气收手正面

（3）胸口快速含胸，参照前面所讲的快速含胸动作（图 4. 1. 48）。

正面

侧面

图 4. 1. 48　吐气含胸

（4）手臂紧跟胸口含胸动作向前放松，然后往复练习（图 4. 1. 49）。

正面

侧面

图 4. 1. 49　放松手臂

2. 动作练习要领

（1）动作节奏一定要分开。

（2）可以运用口令控制动作过程，吸气扩胸、吐气喊一二数字来引导身体肌肉骨骼的运动。

（3）在手臂放松后，脚后跟自然抬起，人会顺势往前冲出一点，做得越顺，起脚跟前冲的感觉越轻松明显。

4.1.1.7　蹬地训练

蹬地训练目的是锻炼前脚掌的蹬地感，也就是武术上常讲的抓地感。在蹬地推移自身体重的过程中，命门要跟着运动方向一起动态推移，髋关节平稳压住，把身体的重量动能释放到手臂与手上。

前后蹬地

训练1：正面蹬地训练

1. 正面蹬地训练动作过程

（1）弓步站立，双手平行前伸（图4.1.50）。

正面

侧面

图4.1.50　弓步起手

（2）两腿同步松膝盖，重心垂直下沉（图4.1.51）。

（3）蹬前脚的前脚掌推移重心到后腿形成虚步状态（图4.1.52）。

图4.1.51　松膝盖

图4.1.52　蹬前脚掌

（4）吐气含胸坠肘（图 4.1.53）。

侧面

正面

图 4.1.53　含胸坠肘

（5）两腿同步松膝盖，重心垂直下沉（图 4.1.54）。

图 4.1.54　松膝盖

（6）蹬后腿前脚掌推移重心向前形成弓步状态（图 4.1.55）。

（7）顶胸推掌（图 4.1.56），然后循环往复。

2. 动作练习要领

在膝盖放松时，重心很容易转移到另一条腿，所以两腿膝盖都要松，在蹬地转移重心的过程中，重心很容易起伏，所以要压住髋关节和借助命门小腹的移动来保持身体的稳定性。

图 4.1.55　蹬后脚脚掌

图 4.1.56　顶胸推掌

训练2：蹬地转腰训练

转腰蹬腿

1. 蹬地转腰训练动作过程

（1）两脚开立大于双肩，两脚脚尖呈外八字，一手放在腹部，另一手托掌于腹前远处，转腰后形成弓步状态（图4.1.57）。

（2）两腿同步放松膝盖，放松命门，重心垂直下沉（图4.1.58）。

图4.1.57　起手

图4.1.58　松膝盖、命门

（3）蹬前脚的前脚掌，重心推移到中间（图4.1.59）。

（4）手跟随转腰一起移动（图4.1.60）。

图4.1.59　蹬腿转移重心

图4.1.60　转腰

（5）顺势放松延长手臂（图4.1.61）。

（6）两腿同步放松膝盖，放松命门，重心垂直下沉（图4.1.62）。

图 4.1.61　顺势松手

图 4.1.62　松膝盖、命门

（7）蹬前脚的前脚掌，重心推移到中间（图 4.1.63）。

（8）手跟随转腰一起移动（图 4.1.64）。

图 4.1.63　蹬地转移重心

图 4.1.64　转腰

图 4.1.65　顺势延长手臂

（9）顺势放松延长手臂（图 4.1.65），然后循环往复。

2. 动作练习要领

（1）在放松膝盖时，很容易产生重心的转移，所以两腿都要同步放松膝盖；在蹬地转移重心的过程中，重心很容易起伏，所以要压住髋关节和借助命门小腹的移动来保持稳定性。

（2）在转动腰的时候，甩动的手要跟着肚脐

一起运动，避免手部动作快于腰部动作。

一气多呼与脊柱练习

一气多呼

4.1.1.8 一气多呼训练

一气多呼是运用呼吸产生弹性劲力从而练习身体弹性的一种训练方式。其原理是，用口舌作为控制呼吸的开关，利用存有的气息多次发力。

1. 动作过程

（1）吸气起身抬手（图4.1.66），吐气放松膝盖（图4.1.67）。

图4.1.66 吸气起身

图4.1.67 吐气放松膝盖

（2）吸气转腰转手（图4.1.68），吐气拧转腰部（图4.1.69）。

图4.1.68 吸气转腰

图4.1.69 吐气拧转

（3）吸气挺胸开手（图 4. 1. 70），吐气含胸（图 4. 1. 71）。

图 4. 1. 70　吸气挺胸开手

图 4. 1. 71　吐气含胸

2. 动作练习要领

（1）训练过程可以先做一吸一呼，然后慢慢变成一气多呼，过程中配合大（DA）和当（DANG）音的引导，三个部位的呼气配合“DA”，两个动作之间转换可以加“DANG”。

（2）手臂动作跟随着运动方向放松。

（3）由慢动作开始不断地加速，最后形成连贯的一气多呼。

4. 1. 1. 9　桩功训练

桩功是太极基本功之一。桩功的过程除了找到身体放松的状态外，更重要的是练习快速进入放松状态的时间，时间越短，说明身体的控制能力及放松锻炼效果越好。

1. 桩功姿势要求

桩功姿势如图 4. 1. 72 所示，要求：

（1）脚：两脚呈内“八字”形或平行站立，两手垂至髋关节外前方，脚比肩稍宽一些。

（2）头：头要正，百会上领，下颏微收。口微微闭，舌抵上腭，神情平静。目光平视，自然呼吸，全身放松，使周身上下气机平衡、和畅。

正面

侧面

图 4.1.72　桩功姿势

（3）手：手指自然舒张，下面仿佛有一个气球，两手要小心翼翼地按着它。

（4）肩：肩部放松，不能绷紧，不能耸肩膀。肩膀要很自然地牵拉着，往下松。这时胸口放松，肩下松时还要往两侧外撑。

（5）膝：膝盖微屈，膝盖不能过足尖，大腿根部空虚，呈似坐非坐状态，即断开膝盖状态。

（6）身体：上身挺直，不能塌腰翘臀。胸部微含，把背向上略拉伸。腹部放松微回收。会阴上提，尾闾下垂指向地面。会阴往上提，气就能往上升，配合着百会上领，这样上下气机连成了整体，气机平衡，身体处于放松断开静态姿势。

2. 桩功过程

（1）完成基本断开、连接转换练习，大约 15 分钟。

（2）完成前后左右的重心晃动，模拟倾倒危险状态练习，大约 5 分钟（图 4.1.73、图 4.1.74、图 4.1.75、图 4.1.76）。

图 4.1.73　重心向前

图 4.1.74　重心向后

图 4.1.75　重心向右

图 4.1.76　重心向左

（3）完成呼吸腹式及发声练习，以发“嗡”音为主，大约 3 分钟（图 4.1.77、图 4.1.78）。

图 4.1.77　腹式呼吸（呼）

图 4.1.78　腹式呼吸（吸）

（4）进入桩功姿势 15 ~ 20 分钟，眼睛观看正前方 1 米内的空点或微闭眼（图 4. 1. 79）。

正面

侧面

图 4. 1. 79　桩功姿势

（5）收功揉腹，揉到腹腔膜层，正反转揉大约 3 分钟（图 4. 1. 80）。

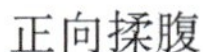
正向揉腹

反向揉腹

图 4. 1. 80　揉腹

4. 1. 2　活步基本功动作

活步基本功动作练习的目的是通过有规律的跑动路线，加上特殊动作的预摆与放松发力，提高运动过程中重心的快速转移能力，并在转移重心后连接相应的动作，让身体长时间处于动态放松，为连接的下一步动作或发力做体态准备。

1. 直线活步

前后步法

如图 4. 1. 81、图 4. 1. 82 所示，直线活步练习，就是在直线方向上做上步和撤步跑动，配合着身体的大幅度波浪起身和手臂的提前反向甩动，让身体在前进或后退中缩短身体重心缓冲时间。

可以跑一步到三步不等的变换性练习，这样左右脚均会出现在前面，协调身体的左右配合。

图 4. 1. 81　上步反弓开手

图 4. 1. 82　撤步弓身甩手

2. 中间跑斜角

中间跑斜角

在中间跑斜角的练习中，既可以练习小步子换脚能力，还可以增强横跨和纵进身体的能力。中间跑斜角活步动作是以八个节奏动作作为一个整体，练习时往复不断。中间跑斜角方形图如图 4. 1. 83 所示。

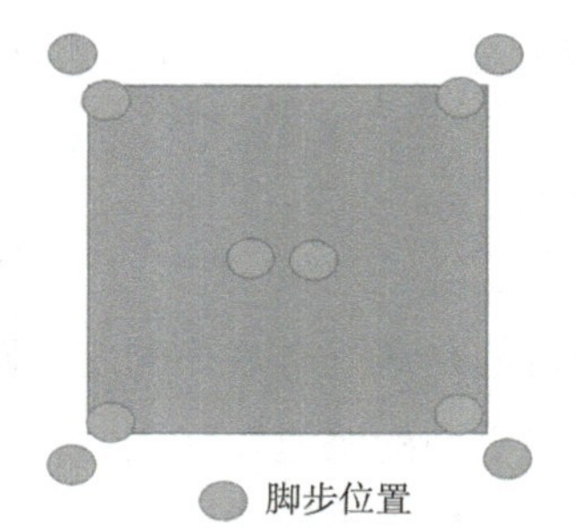

图 4. 1. 83　中间跑斜角方形图

（1）跑斜前角步法基础动作。

① 第一、二个节奏动作：方形中心点原地小踮步两步，用脚前掌着地，交替变换左右脚（图4.1.84）。

原地踮步（1）

原地踮步（2）

图4.1.84　原地踮步

② 第三个节奏动作：跨步上脚重心转移到前脚，放松拧转腰部（图4.1.85）；第四个节奏动作：支撑脚蹬地起身，转腰回摆手，后脚顺势拎起来（图4.1.86）。

图4.1.85　斜角上步转腰

图4.1.86　拧腰摆手

③ 第五个节奏动作：拎起来的脚落回方框中点（图4.1.87）；第六个节奏动作：前脚落回方框中点踮脚一下（图4.1.88）。

图 4.1.87　撤步回中间

图 4.1.88　撤步回中间踮步

④ 第七个节奏动作：换个斜角上步转腰（图 4.1.89）；第八个节奏动作：支撑脚蹬地起身，转腰回摆手，后脚顺势拎起来（图 4.1.90），然后拎起来的脚落回方框中点，循环反复练习。

图 4.1.89　斜角上步转腰

图 4.1.90　拧腰摆手

（2）跑斜后角步法基础动作。

跑斜后角基础步法，与跑斜前角节奏动作一样，只是因为要后退拧腰，所以在第三个节奏动作和第七个节奏动作，双脚需要跳步向后斜角。跑斜后角基础步法的 8 个节奏动作依次如图 4.1.91、图 4.1.92、图 4.1.93、图 4.1.94、图 4.1.95、图 4.1.96、图 4.1.97 所示。

原地踮步（1）

原地踮步（2）

图 4. 1. 91　**原地踮步**

图 4. 1. 92　**斜角撤步转腰**

图 4. 1. 93　**拧腰摆手**

图 4. 1. 94　**上步回中间**

图 4. 1. 95　**上步回中间踮步**

图 4.1.96　斜角撤步转腰

图 4.1.97　拧腰摆手

（3）中间跑斜角的变化动作。

中间跑斜角的变化动作，主要是第四节奏动作和第八节奏动作的变化，其他节奏动作不变。

① 侧身摆动：表现在第四个节奏动作（图 4.1.98）和第八个节奏动作（图 4.1.99）。

图 4.1.98　侧身摆动身体（1）

图 4.1.99　侧身摆动身体（2）

② 坠肘推掌：两只手分开依次运动，一只手坠肘贴肋骨，一只手转腰推掌，表现在第四个节奏动作（图 4.1.100、图 4.1.101）和第八个节奏动作（图 4.1.102、图 4.1.103）。

图 4.1.100　**转腰坠肘贴身（1）**

图 4.1.101　**转腰推掌（1）**

图 4.1.102　**转腰坠肘贴身（2）**

图 4.1.103　**转腰推掌（2）**

③ 支撑跳步：表现在第四个节奏动作（图 4.1.104）和第八个节奏动作（图 4.1.105）。从基础步法动作的拧腰摆手，再加入支撑腿的跳步，延伸原有的动

图 4.1.104　**跳步前状态**

图 4.1.105　**支撑跳步**

图 4. 1. 106　跳步前状态

图 4. 1. 107　支撑跳步

作空间，可以往任意点去跳动，图 4. 1. 106、图 4. 1. 107 仅展示往外跳的状态。

④ 二次松膝：表现在完成基础步法的第四个节奏动作和第八个节奏动作时，加入支撑腿的再次放松膝盖动作（图 4. 1. 108、图 4. 1. 109、图 4. 1. 110），以降低重心转移空间。

图 4. 1. 108　松膝盖状态（1）

图 4. 1. 109　松膝盖状态（2）

图 4. 1. 110　松膝盖细节

3. 两边跑中间

两边跑中间

在两边跑中间的练习中（图 4.1.111），既可以练习大步子换脚能力，还可以增强横跨和纵进身体的能力。两边跑中间活步动作是以八个节奏动作为一个整体，练习时循环往复。

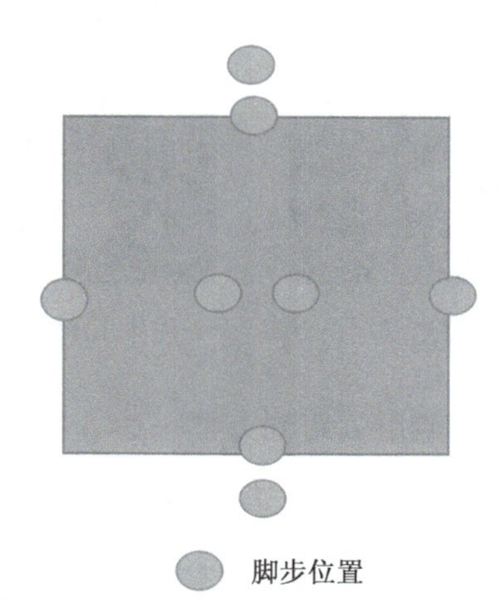

图 4.1.111　两边跑中间方形图

（1）两边跑中间步法基础动作。

① 第一、二个节奏动作：从方形一侧大步跨脚到位，用脚前掌着地，交替变换左右脚作为支撑点（图 4.1.112、图 4.1.113）。

图 4.1.112　两边跑（1）

图 4.1.113　两边跑（2）

② 第三个节奏动作：向中间前面跑，两手坠肘贴肋，后腿弯曲（图4.1.114）；第四个节奏动作：蹬后腿，手臂自然向前放松（图4.1.115）。

图4.1.114　向前跑（3）

图4.1.115　蹬腿松手（4）

③ 第五个节奏动作：后脚继续跨到方框一边（图4.1.116）；第六个节奏动作：另一只脚跨到方框另一边（图4.1.117）。

图4.1.116　撤步两边（5）

图4.1.117　两边跑（6）

④ 第七个节奏动作：往中间前面跨，前后脚位置变化后和第三个节奏动作前后脚动作相反（图4.1.118）；第八个节奏动作：依然是蹬后腿，手臂自然向前放松（图4.1.119）。

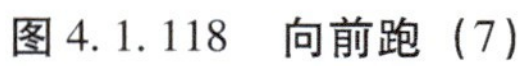

图 4.1.118　**向前跑（7）**

图 4.1.119　**蹬腿甩手（8）**

（2）两边跑中间步法变化动作。

① 勾腿松手：表现在第四个节奏动作，后脚向前起脚（图 4.1.120），勾脚向前松手或推手（图 4.1.121）。

正面

侧面

图 4.1.120　**起脚**

正面

侧面

图 4.1.121　**勾脚松手**

② 摆动撞膝：表现在第四个节奏动作和第八个节奏动作变化，前腿膝盖外摆（图 4. 1. 122、图 4. 1. 124），然后内扣膝盖，前脚不离地（图 4. 1. 123、图 4. 1. 125）。

图 4. 1. 122　膝盖外摆（1）

图 4. 1. 123　内扣膝盖（1）

图 4. 1. 124　膝盖外摆（2）

图 4. 1. 125　内扣膝盖（2）

③ 后腿前划：表现在第三个节奏动作（图 4. 1. 126）和第七个节奏动作（图 4. 1. 128）分别变化成上步拧腰第四个节奏动作（图 4. 1. 127）和第八个节奏动作（图 4. 1. 129），后脚向前转腰划腿，脚不离地。

图 4. 1. 126　**上步拧腰（1）**

图 4. 1. 127　**划腿前撞（1）**

图 4. 1. 128　**上步拧腰（2）**

图 4. 1. 129　**划腿前撞（2）**

④ 上步外划：表现在第三个节奏动作（图 4. 1. 130）和第七个节奏动作（图 4. 1. 133）变化成预摆姿势；第四个节奏动作和第八个节奏动作由两个动作组成，后腿向前预摆（图 4. 1. 131、图 4. 1. 134），手脚反向对拧腰，然后划腿外摆（图 4. 1. 132、图 4. 1. 135）。

图 4. 1. 130　上步预摆（1）

图 4. 1. 131　后脚向前预摆（1）

图 4. 1. 132　外划腿（1）

图 4. 1. 133　上步预摆（2）

图 4. 1. 134　后脚向前预摆（2）

图 4. 1. 135　外划腿（2）

4. 提髋换步

交换步

提髋换步，是练习站在原地轻松转换脚站位及身体状态的方法。

（1）以重心在前的弓步为起始站立，双手平推向前（图 4. 1. 136）。

正面

侧面

图 4. 1. 136　**起始站立**

（2）身体向上提起重心（图 4. 1. 137）。

正面

侧面

图 4. 1. 137　**提髋提踵**

（3）先收前脚（图 4. 1. 138），再换后脚向前（图 4. 1. 139），手臂保持原位不动，然后循环往复。

正面

侧面

图 4. 1. 138　提髋收前脚

正面

侧面

图 4. 1. 139　提髋出后脚

4.2　基本功双人动作练习——听劲练习

基本功双人动作练习主要是听劲的练习。听劲练习是太极拳训练与技术运用中必不可少的阶段，主要是练习身体对外界变化的感知能力。在很多听劲训练过程中，大家都以被动的等待外界劲力的变化，然后改变自身的运动形态，来达到

听劲化劲的目的。但很容易练成被动的、呆板的听劲，而没有完成意在人先的太极听劲。

听劲训练着重在于主动制造劲法和劲感。劲是人体重力加骨骼肌肉力量按照不同比例大小结合而成的，学会借助自然之力重力，才能懂得劲与肌肉力量的不同。在训练过程中，根据传递动能的多少为主要指标，把劲法区分为顶、透、粘、空四个劲，尤其以透劲作为主要指标，来判断自己对劲的熟练掌握程度。透劲是一种在身体内部穿透的劲，可以让对方明显感知到特定部位的受力情况。

为什么可以做到听劲，因为人体的皮肤能精准地感知到压力的大小，还能感知自己作用力及反作用力的相关信息，自己的劲到对方不同部位时，我们要排除压力大小的影响，因为人的体重、站姿会影响压力大小的信息。除了压力大小之外，劲到任何人的相同部位时，反馈的感觉信息是相同的。

我们通过简单的方式来训练身体各部位的劲法传导能力和反馈感知能力，记住每次劲力的感觉，虽然看似最笨的方法，但它是最快捷有效的方法。

4.2.1　听劲练习方法

黑白双方一臂距离面对面弓步站立，白方（配合训练方）两手合抱于胸前，不要贴在身上，两手可以互相摸到肘关节为宜；黑方（听劲方）两手向前立掌坠肘搭在白方小臂上，肘关节弯曲用力固定不再做伸缩动作（图 4.2.1），听劲方主动后腿蹬地，借助自身重心的推移，依次把身体体重的能量送到白方的后背（图 4.2.2）、腰部（图 4.2.3）和脚后跟（图 4.2.4）。当能量穿透过白方脚后跟时，听劲方手部压迫感由重变轻的临界状态就是透劲的最大状态。

图 4. 2. 1　起始动作

图 4. 2. 2　透到对方背后

图 4. 2. 3　透到对方腰部

图 4. 2. 4　透到对方脚跟

4. 2. 2　听劲练习要领

先对每个点进行精准透劲，透劲完成停住后，让感受方告诉你劲到哪里了，来检验做的准确性。

熟练了之后可以连起来透劲，甚至让配合训练方要求你穿透到哪个位置，或者加速等变化方法。

这些是单因素训练的方法，这个基础听劲完成之后，可以再进行配合训练方加入变化的训练方式，比如改变身体的高度、脚的站位宽度、手臂的环抱宽度等因素，不断提高主动训练方的场景适应能力。

易犯错误：

（1）听劲方蹬地过快，直接变成顶劲，或者不分层次部位，直接用力。

（2）听劲方用手臂发力或者在推移过程中自己的肘关节有多余伸缩运动。

（3）配合训练方改变身体形态，做了额外动作，改变了单因素训练模式。

4.3　套路练习——“天龙八大靠”

“天龙八大靠”是田金龙教授经过长期的理论研究和多年的实战总结最终才将其推出的一种太极拳套路。八大靠分为：双分靠、马步靠、顺势靠、正面靠、侧面靠、背折靠、斜飞靠、后背靠。

八大靠

此套路分两个阶段：第一阶段为放松练习，要求练习时动作连绵安舒；第二阶段为发放练习，要求发劲松沉整透。

练习过程我们把基本功的断开、连接、呼吸、蹬地等要点运用到练习中，更容易提升自己对太极拳的认知感受。

4.3.1　八大靠动作分解

一、起式

准备状态为并步站立吸气（图 4.3.1）。动作如下：

图 4.3.1　准备状态

（1）小幅度的放松吐气（图 4. 3. 2）。

图 4. 3. 2　胸口吸气后吐气放松

（2）波浪起身吸气，重心转移到右脚（图 4. 3. 3）。

图 4. 3. 3　波浪起身

（3）拎起左腿平出脚尖着地，略超过肩宽（图 4. 3. 4）。

图 4. 3. 4　分脚尖

（4）转移重心到中间（图 4. 3. 5）。

图 4. 3. 5　转移重心到中间

（5）深吸气后吐气连续放松膝盖、命门、胸口、手臂，成手臂自然垂于大腿面前侧状态（图 4. 3. 6）。

图 4. 3. 6　深吸气后吐气放松

（6）波浪起身吸气上甩手臂（图 4: 3. 7）。

图 4. 3. 7　起身起手

（7）依次放松膝盖、命门、胸口和坠肘（图 4. 3. 8），放松小臂贴于肋间（图 4. 3. 9）。

图 4. 3. 8　**放松坠肘**

图 4. 3. 9　**松手**

（8）直立起身过程中继续放松手臂（图 4. 3. 10）。

图 4. 3. 10　**起身松手**

二、如封似闭（一）

（9）深吸气后吐气连续放松膝盖、命门、胸口、手臂，成手臂自然垂于大腿面前侧状态（图 4. 3. 11）。重心转移到右腿，左脚外摆 45 度左右，手臂同时外旋（图 4. 3. 12）。

图4.3.11　放松

图4.3.12　撇脚旋小臂

（10）重心转移到左脚，收右脚丁字步，吸气提起手臂,手腕自然放松(图4.3.13)。

图4.3.13　丁字步提手

（11）出右脚脚跟着地，双掌立起（图4.3.14），两手从两侧移动到身体前方合手（图4.3.15）。

图4.3.14　出脚立掌

图4.3.15　合手

图 4. 3. 16　**合身**

（12）重心前压形成弓步同时坠肘弓步合身（图 4. 3. 16）。

（13）吸气抬肘松小臂（图 4. 3. 17），由下往上、从内往外外甩小臂前切掌（图 4. 3. 18），蹬前脚前脚掌，推移身体后坐虚步，带回手臂坠肘（图 4. 3. 19）。

图 4. 3. 17　**抬肘松小臂**

图 4. 3. 18　**前切掌**

图 4. 3. 19　**虚步带手**

图 4. 3. 20　**弓步推掌**

（14）蹬后脚前脚掌弓步推掌（图 4. 3. 20）。

图 4.3.21　**虚步带手**

（15）重复第 13 个节奏动作，蹬前脚前脚掌，推移身体后坐虚步，带回手臂坠肘（图 4.3.21）。

图 4.3.22　**弓步推掌**

（16）重复第 14 个节奏动作，蹬后脚前脚掌弓步推掌（图 4.3.22）。

图 4.3.23　**虚步旋小臂**

三、如封似闭（二）

（17）重心后移到左腿，顺势旋转小臂翻掌（图 4.3.23）。

图 4.3.24 **扣脚收脚丁字步提手**

（18）扣右脚 90 度，转移方向向左，重心转移到右脚，收左脚丁字步，吸气提起手臂，手腕自然放松（图 4.3.24）。

（19）出左脚脚跟着地，双掌立起（图 4.3.25），两手从两侧移动到身体前方合手（图 4.3.26）。

图 4.3.25 **出脚立掌**

图 4.3.26 **合手**

图 4.3.27 **合身**

（20）重心前压形成弓步坠肘合身（图 4.3.27）。

（21）吸气抬肘松小臂（图 4. 3. 28），由下往上、从内往外外甩小臂前切掌（图 4. 3. 29），蹬前脚前脚掌，推移身体后坐虚步，带回手臂坠肘（图 4. 3. 30）。

图 4. 3. 28　**抬肘松小臂**

图 4. 3. 29　**前切掌**

图 4. 3. 30　**虚步带手**

（22）蹬后脚前脚掌，弓步推掌（图 4. 3. 31）。

图 4. 3. 31　**弓步推掌**

（23）重复第 20 个节奏动作，蹬前脚前脚掌，推移身体后坐虚步，带回手臂坠肘（图 4. 3. 30）。

（24）重复第 21 个节奏动作，蹬后脚前脚掌弓步推掌（图 4. 3. 31）。

四、双分靠

（25）向前松手臂，合手于小腹前（图 4. 3. 32）。

（26）重心后移，前脚脚尖翘起，外撇 45 度左右，双肘下坠与肩同宽，手心对着脸部（图 4. 3. 33）。

图 4. 3. 32　合手

图 4. 3. 33　撇脚开手

（27）重心前移上步（图 4. 3. 34），出右脚，旋小臂，掌心外翻朝前（图 4. 3. 35）。

图 4. 3. 34　上步开手双肩

图 4. 3. 35　出脚旋臂翻掌

（28）弓步外撑掌，旋转小臂，右肩前靠，即双分靠（图 4. 3. 36）。

图 4. 3. 36　弓步双分靠

五、马步靠

（29）重心后移，搂手外撇右脚（图 4. 3. 37）。

搂手侧面

搂手正面

图 4. 3. 37　搂手

（30）收左脚，丁字步托掌（图 4. 3. 38）。

图 4. 3. 38　搂手收脚托掌

（31）出左脚脚跟，搂手合手于膝盖上方，左手拳自然放松垂直于地面，右手合掌在左肘关节处（图 4. 3. 39）。

图 4.3.39　**出脚跟合手**

（32）蹬地推移重心到左腿，形成半马步肩靠动作，即马步靠（图 4.3.40）。

图 4.3.40　**马步靠**

六、顺势靠

（33）放松小臂，合掌于小腹前，顺势小幅度前顶小臂（图 4.3.41）。

图 4.3.41　**合手**

（34）重心后移，双手回摆打开外旋（图 4. 3. 42），顺势吸气由后面甩起到头顶上方，提起右脚（图 4. 3. 43）。

图 4. 3. 42　**虚步翻掌**

图 4. 3. 43　**波浪起身甩手**

（35）顶髋出右脚脚跟。

（36）落掌，右手在髋关节外侧刁手，左手立掌于右肩内（图 4. 3. 44），重心前移弓步撞肩，即顺势靠（图 4. 3. 45）。

图 4. 3. 44　**落脚合手**

图 4. 3. 45　**顺势靠**

七、正面靠

（37）重心后移，撇右脚，推左掌（图 4. 3. 46）。

图 4.3.46　撇脚推掌

（38）上左脚一步，右脚半步，抬右手到耳边，松左手指尖朝前（图 4.3.47）。

图 4.3.47　跟步合手

（39）出右脚跟合手于胸前（图 4.3.48）。

图 4.3.48　出脚松手

（40）弓步对穿掌压，肩向前方靠，即正面靠（图4.3.49）。

图4.3.49　正面靠

八、侧面靠

（41）重心后移，开手（图4.3.50）。

图4.3.50　重心后移开手

（42）撇脚转腰上步，丁字步抱球（图4.3.51）。

图4.3.51　上步丁字步抱球

图 4. 3. 52　出脚合手

（43）侧后方出左脚脚跟，松左手手臂内旋大拇指朝内，右手合于左肩（图 4. 3. 52）。

（44）蹬移重心到左腿（图 4. 3. 53），上下按抬双手，旋转左臂露肩靠，即侧面靠（图 4. 3. 54）。

图 4. 3. 53　转移重心按抬手

图 4. 3. 54　侧面靠

图 4. 3. 55　转移重心提手

九、背折靠

（45）双手从体侧上抬手过头顶（图 4. 3. 55）。

（46）从身体中线下松，合握手腕于小腹前，重心居中（图4.3.56）。

图4.3.56　扣脚预摆

（47）前脚微内扣（图4.3.57）。

图4.3.57　扣脚预摆

（48）撇左脚，蹬右脚转腰顶肘靠肩，即背折靠（图4.3.58）。

背折靠侧面

背折靠正面

图4.3.58　背折靠

十、斜坐

（49）重心后移，撇左脚，上下穿手划圆（图 4.3.59）。

图 4.3.59　重心后移开手

（50）上步收右脚，丁字步抱球（图 4.3.60）。

图 4.3.60　收脚丁字步抱球

（51）右脚后撤，脚尖着地（图 4.3.61）。

图 4.3.61　出脚尖

（52）重心后移坐髋，转腰起右手按左手，即斜坐（图4.3.62）。

图4.3.62　**斜坐**

十一、后背靠

（53）转移重心到中间，双手从体侧上抬手过头顶（图4.3.63）。

图4.3.63　**重心转移抬手**

（54）从身体中线下松合握手腕于小腹前，重心居中（图4.3.64）。

放松合手反面

放松合手正面

图4.3.64　**放松合手**

（55）重心转移到右腿，收左脚半步（图 4. 3. 65）。

图 4. 3. 65 **起身收半步**

（56）上顶腰顶肘后背靠（图 4. 3. 66）。

图 4. 3. 66 **后背靠**

十二、斜飞靠

（57）双手上下打开划圆（图 4. 3. 67）。

图 4. 3. 67 **分手**

（58）后退两步，斜坐（图4.3.68、图4.3.69、图4.3.70）。

图4.3.68　**撤步**

图4.3.69　**撤步抱球**

图4.3.70　**斜坐**

（59）吸气向后转肩（图4.3.71）。

图4.3.71　**吸气转胸肩**

（60）吐气向前转肩靠，即斜飞靠（图4.3.72）。

图4.3.72　**斜飞靠**

十三、斜飞

（61）重心后移。

（62）扣左脚撇右脚，身体转正。

（63）吸气右手旋臂横肘，左手掌搭在右手腕部（图 4.3.73）。

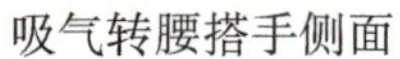
吸气转腰搭手侧面　　吸气转腰搭手正面

图 4.3.73　吸气转腰搭手

（64）蹬后腿转腰旋手斜飞，左手按到髋关节前（图 4.3.74）。

图 4.3.74　斜飞

十四、回打连接动作及重复前面动作

（65）重心后移，扣右脚、撇左脚（图 4.3.75），合手于小腹前（图 4.3.76）。

（66）重复前面动作，再依次做双分靠、马步靠、顺势靠、正面靠、侧面靠、背折靠、斜坐、后背靠、斜飞靠、斜飞。

图 4.3.75　**扣脚摆脚**

图 4.3.76　**合手**

十五、收式

（67）斜飞完成后（图 4.3.77），收右脚半步，双手托于小腹前侧（图 4.3.78）。

图 4.3.77　**斜飞**

图 4.3.78　**收步合手**

（68）直立起身吸气，两手在身体两侧抬起（图 4.3.79）。

图 4.3.79　**起身开手**

（69）合手臂到胸口前侧，自然落肘、落手放松（图4.3.80、图4.3.81）。

图4.3.80　落肘

图4.3.81　落手

（70）收左脚并步，调整呼吸（图4.3.82）。

图4.3.82　并步收式

4.3.2　八大靠口令引导

一、起式口令

（1）吸气，松；（2）起；（3）分脚尖；（4）转移重心；（5）长吸气，松松松；（6）起身起肘起小臂；（7）折叠收；（8）按起。

二、如封似闭（一）口令

（1）松，摆脚，旋转手小臂；（2）收脚丁字步，吸气起到手腕；（3）立掌，合手，合身；（4）松手到肘，吸气提手臂双手切；（5）蹬带手指；（6）蹬推掌根；（7）蹬带手指；（8）蹬推掌根。

三、如封似闭（二）口令

（1）松旋手臂扣脚；（2）收脚丁字步，吸气起到手腕；（3）立掌，合手，合身；（4）松手到肘，吸气提手臂双手切；（5）蹬带手指；（6）蹬推掌根；（7）蹬带手指；（8）蹬推掌根。

四、双分靠口令

（1）顺势松手，双手合；（2）重心后移撇脚，双手分于双肩；（3）顶髋出脚跟；（4）翻掌撑手，旋臂露肩。

五、马步靠口令

（1）重心后移，揉手撇脚；（2）搂手上步，翻手托掌；（3）出脚跟，揉手握拳；（4）重心推移马步靠。

六、顺势靠口令

（1）松转合手；（2）开手后甩吸气拔起；（3）顶髋落脚跟；（4）松沉刁手合手，露肩。

七、正面靠口令

（1）重心后移，撇脚推掌；（2）蹬脚顶髋松指；（3）上步顶髋提手；（4）出脚，松手压肩。

八、侧面靠口令

（1）重心后移开手；（2）旋转抱球；（3）出脚跟松手腕大拇指内旋；（4）蹬移重心，按抬双手，旋臂露肩。

九、背折靠口令

（1）松合握手于髋前，重心居中；（2）前脚微内扣；（3）撇脚、蹬脚；（4）转腰顶肘。

十、斜坐口令

（1）重心后移；（2）上下开手划圆；（3）脚尖后撤；（4）重心后移坐髋，起手落手。

十一、后背靠口令

（1）松合手于髋前重心居中；（2）收半步；（3）顶髋；（4）顶肘。

十二、斜飞靠口令

（1）双手上下打开划圆；（2）后退两步斜坐；（3）吸气转肩；（4）吐气转肩。

十三、斜飞口令

（1）重心后移；（2）扣脚摆脚；（3）肩带肘搭手；（4）蹬腿转腰旋手斜飞。

十四：回打口令

（1）重心后移，扣脚摆脚合手，双分靠、马步靠、顺势靠、正面靠、侧面靠、背折靠、斜坐、后背靠、斜飞靠、斜飞。

十五、收式口令

（1）重心后移；（2）收半步合手；（3）落肘落手；（4）收脚并步，调整呼吸。

4.4 太极劲法的康复应用——太极整复

太极整复（又称太极运动整复），是指将太极拳训练的“整体观念”及训练中所产生的劲道运用在身体调整中，以修正失衡的软组织或关节，使其恢复正常的使用功能并激发自我康复机制的一种徒手自然疗法。其目的在于帮助患者恢复肢体原本的运动功能，提升身体的动作质量，恢复身体的正常形态。

太极整复是以解剖学、生物力学以及中医理论为基础，融合了太极拳的养生思想的身体康复治疗方法。整复过程中采用肌肉放松术、舒经活络术对软组织进行放松，再配合关节恢复术加以调整，恢复其解剖学的正常体位，利用生物力学的杠杆原理法，通过外力在轻松自然、巧妙无痛的情况下迅速地将伤患关节或脊椎进行矫正，恢复其身体的正常运动能力和活动范围，使关节周围神经或脊神经受到的压迫得以缓解，从根本上消除患者的病痛或疲劳，使患者身体回到正常体位，轻松恢复健康。

太极整复有自我整复和辅助整复两种方法。自我整复，顾名思义，就是通过自我锻炼达到身体的康复。在单人基本功练习的过程中，有许多动作是针对身体

特定部位的练习，比如胸口的三种练法中的拔背动作，就是进行胸椎自我整复的过程，这里不做过多阐述。辅助整复，是整复康复师对有康复需求的人员进行徒手整复。本书主要介绍辅助整复。

4.4.1 辅助整复概述

人体健康的基础标准之一是骨正和筋柔，身体出现酸痛或运动受限等不适症状时，说明身体某些部位或者关联部位有损伤或筋结。筋结是身体内部能量物质不通畅或者筋膜压力、拉力不均衡的反应点。

处理已经形成的反应点或关联点，首先利用太极听劲技术分层触摸，探求到反应点所处的身体层次，找到出现酸痛状态的关联点，然后进行劲法做功处理。身体层次以区分皮肤层、皮肤内层、肌肉外层、肌肉内层、肌肉底层、骨膜层为主。

查体一般不需要借助特殊仪器检查，主要以“手摸心会”为主，这就要求操作者有很好的触诊功底。用手指指腹、掌或肘探查身体部位的不同层次，随着劲法大小的改变，探查不同层次有无筋结或痛点。在查体过程中，主要针对身体两侧对称及不适部位周围的状态对比。正常情况下，人体两侧相同位置的状态基本相同（排除小部分人右侧肌肉明显强壮的因素），不适部位周围的体表温度、肌肉张力及肌肉饱满度等与正常部位有差异。

对皮肤温度的触，主要以手掌为主；深层筋结，应以大拇指探查为主；大面积搜寻筋结，可用掌面。在一定的劲力作用下，分层体会身体部位的变化，有硬结、条索、点状、薄膜状、果冻状等筋节。查体过程也是施劲解决问题的过程，对触摸到的结点进行处理。触摸到结点和解决结点都是利用太极拳的听劲与透劲技术，平稳中正的劲感是解决结点的重要技术支撑。

在查体过程中，不能仅检查不适部位，还应该延伸到关联部位。比如：头面部不适，除探查头面部外，还应探查颈、肩、胸、背处有无痛点、筋结；胸部不适，应探查前胸、后背、上肢有无痛点、筋结；腹部不适，应探查腹部、背腰部、下肢有无痛点筋结；背部不适，应探查背部、颈肩、胸腹有无痛点、筋结；上肢不适，应探查上肢及颈肩部有无痛点筋结；下肢不适，应探查腰骶、下肢有无痛点筋结。

4.4.2　辅助整复手法

辅助整复手法主要有摆动法、点按法和提拿法三种。辅助整复口诀为：骨正筋柔，气血以流，手随心转，法从手出，静中探，动中求，听劲使，同位佐。

4.4.2.1　摆动法

摆动法，以手掌为主要着力点，以足蹬地劲起于脚、传于腿、主宰于腰的太极劲法理念，以身带手，手腕自然放松，形成手腕摆动动作，传递劲法，力求做功于不适层面，进行松解粘连或刺激特定点疏通气血。（图 4.4.1）

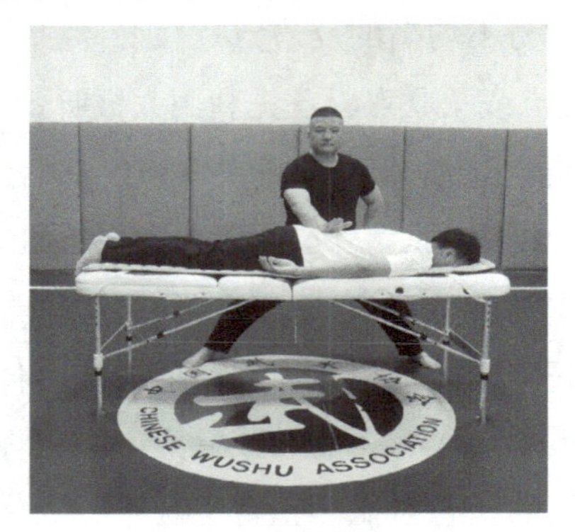

图 4.4.1　摆动法

4.4.2.2　点按法

点按法，以手指或肘关节为着力点，作用在不适层，使用劲法传递到不同的深度进行触摸，松解粘连或刺激特定点疏通气血。（图 4.4.2、图 4.4.3）

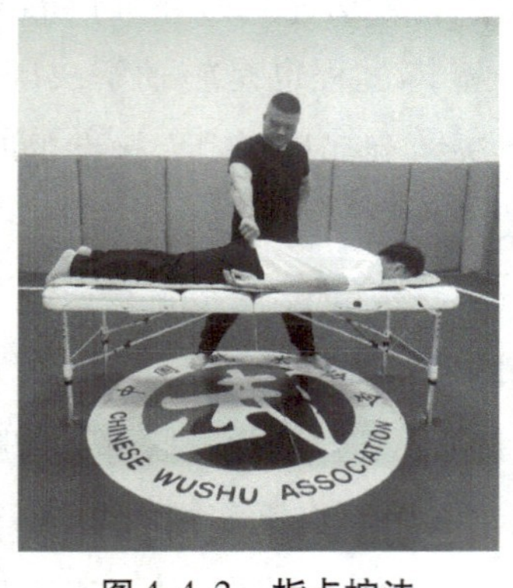

图 4.4.2　指点按法

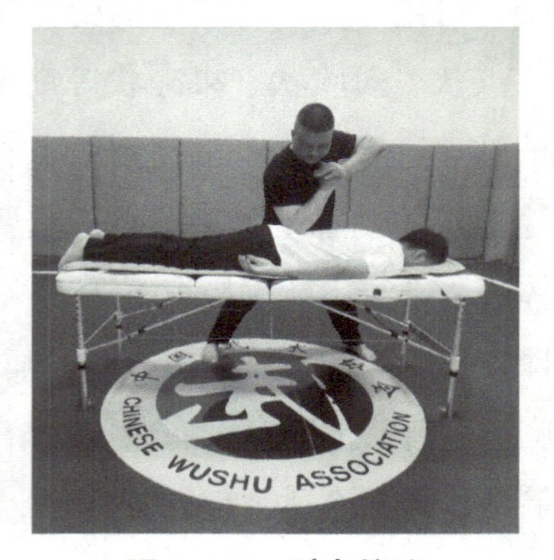

图 4.4.3　肘点按法

4.4.2.3　提拿法

提拿法，以手指指腹和掌为主要接触点，利用挂劲透劲，分层透入不同深度，进行触摸松解粘连或刺激特定点补充气血。（图 4.4.4、图 4.4.5）

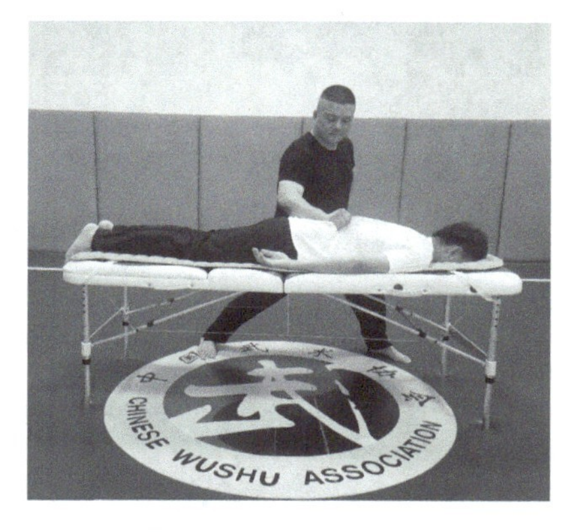

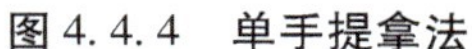
图 4.4.4　单手提拿法

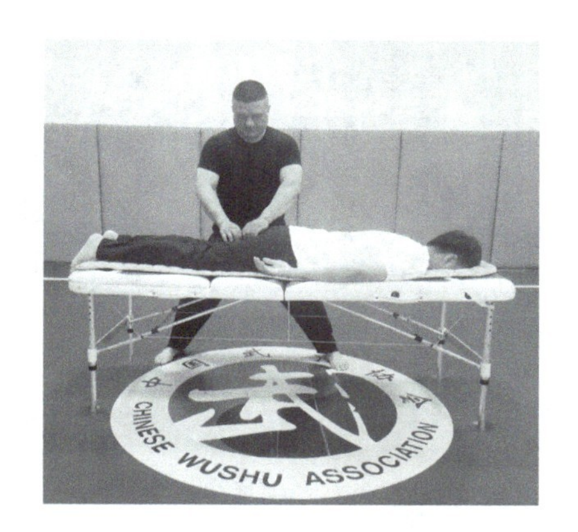

图 4.4.5　双手提拿法

总结：太极辅助整复手法与中医补泻思维相通。点按法以泻为主，慢速点按则为泻中带补；提拿法以补为主，慢速点提拿则是补中带泻；摆动法则偏于平补平泻。

4.4.3　辅助整复手法的人体三段分法

在太极运动整复时，很多时候需要延伸到关联部位，可以用三段法的思维去辅助整复过程。可把人体分为胸椎第十二节之上，腰椎第一节到膝盖之间，膝盖到脚趾之间三个大的区域，这三个大的区域之间系统往往都有关联性，把这三个部位要进行触摸或者整复处理，包含身体的前后、左右、上下、内外四个方向的关联部位。

以腰的运动受限为例，大多是由腰肌劳损或者腰椎间盘突出引起，腰椎间盘突出引起的运动受限，我们需要对腰椎、骨盆、大腿、膝盖、小腿、腹部周围都进行触摸和整复处理。处理时需要依次进行以下部位的操作，如图 4.4.6 至图 4.4.11 所示。

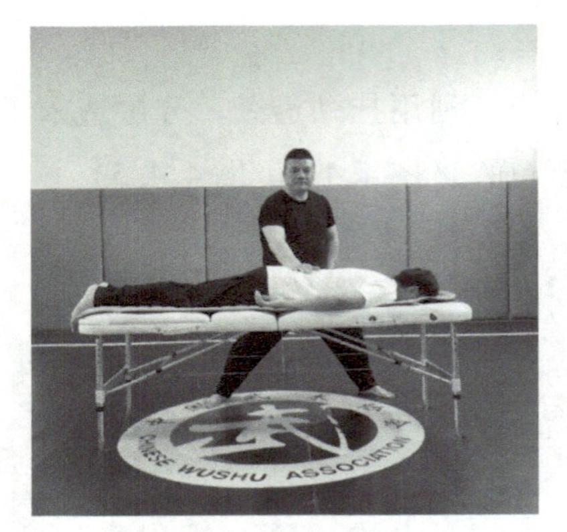

图 4.4.6　腰部摆动透劲

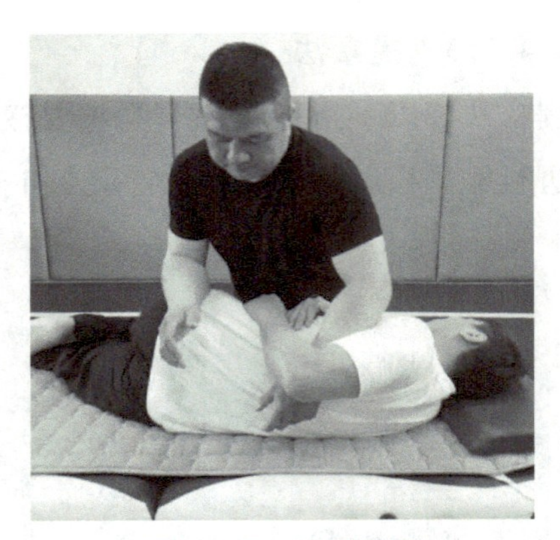

图 4.4.7　腰部拧转

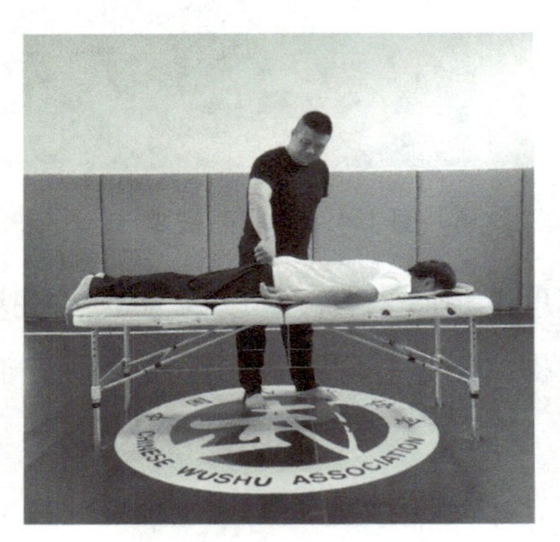

图 4.4.8　骨盆点按

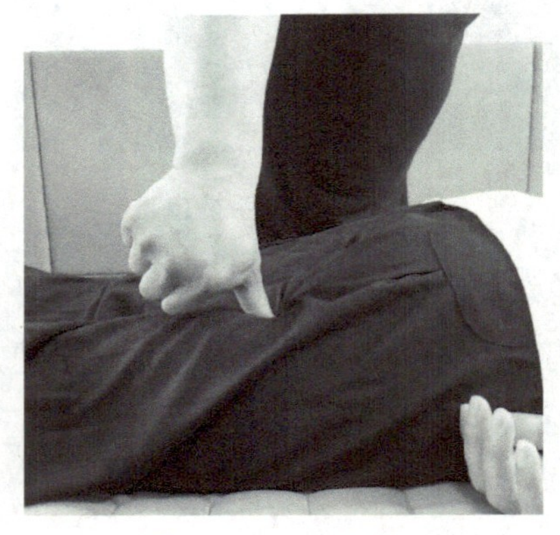

图 4.4.9　大腿点按

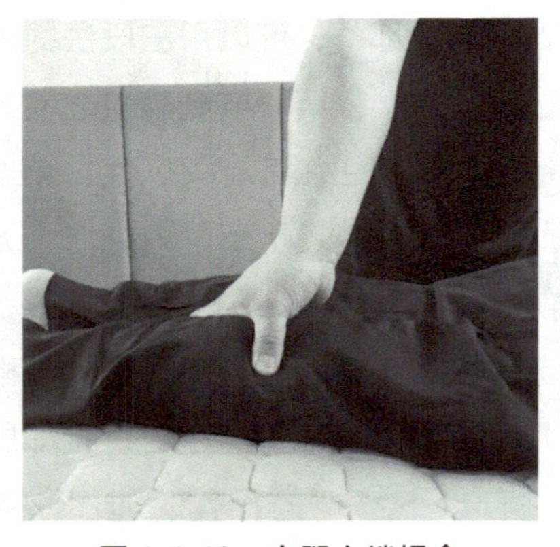

图 4.4.10　小腿上端提拿

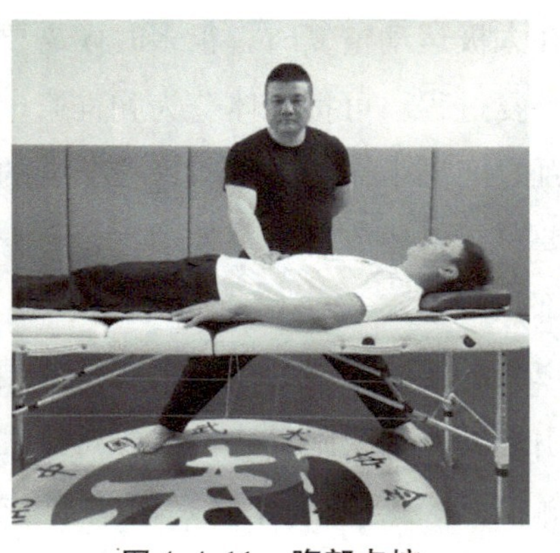

图 4.4.11　腹部点按

参考文献

1. 田金龙. 太极推手入门［M］. 北京：人民体育出版社，1995.
2. 田金龙. 杨式段位制［M］. 北京：高等教育出版社，2009.
3. 徐才. 武术科学探秘［M］. 北京：人民体育出版社，1990.
4. 江百龙. 武术理论基础［M］. 北京：人民体育出版社，1997.
5. 顾留馨. 太极拳术［M］. 上海：上海教育出版社，1982.
6. 余功保. 太极的奥秘［M］. 北京：人民体育出版社，2014.
7. 玉昆子. 太极拳秘要［M］. 北京：华夏出版社，2018.
8. 杜元化. 太极拳正宗［M］. 北京：北京科学技术出版社，2020.
9. 解守德. 太极内功心法［M］. 北京：人民体育出版社，2006.
10. 李万斌. 太极拳技击研究［M］. 北京：人民体育出版社，2016.

附 1　太极拳轻松练习法微课视频

微课 1：太极拳轻松练习法

微课 2：基本功单人动作练习

微课 3：听劲练习

微课 4：套路练习

微课 5：太极整复

微课 6：如何习练太极拳

附 2　太极拳知识问答

1. 太极拳通常包括哪些内容?

答:(1)套路形式，有太极拳等。太极长拳等。

(2)对抗形式，有太极推手等。

(3)实战形式，有太极散手等。

(4)器械健身形式，有太极剑、太极刀、太极杆、太极枪等。

其中，太极拳套路练习也叫盘架子，是基本功;推手是太极拳技法的运用，但又不同于散打，它是太极拳特有的一种不用护具、安全而有趣味的对练方式。

2. 太极拳有什么功用?

答:太极拳作为一种武术，具有独特的威力和无穷的奥妙，其特点是以静制动、以柔克刚、引进落空、四两拨千斤，它能以最巧妙省力的手段获得最佳的技击效果。

练太极拳若能姿势正确、心静体松、长期坚持，自会有中正安舒、轻灵稳健、心旷神怡，欲罢不能之感。

3. 练太极拳的要领是什么?

答:练太极拳的要领包括形与神两个方面，相互促进，只有形神兼备，方可事半功倍。具体来说，太极拳要领包括静、松、正、慢、匀、稳六个字。

静:虚灵顶劲，气沉丹田，精神内敛，呼吸自然。

松:全身放松，经络畅通，由松入柔，运柔成刚。

正:沉肩坠肘，含胸拔背，尾闾中正，松腰敛臀。

慢:以心行气，以气运身，缓如抽丝，迈步猫行。

匀：速度均匀，上下相随，圆活连贯，慢慢不断。

稳：以腰为轴，虚实分明，轻而不浮，稳而不僵。

4. 何为文武太极之说？

答：太极分文武，是指“文以养身”“武以御敌”而言。练太极拳，能养身而不能御敌者，文功也；能打人而不会养身者，武事也；既能养身也能御敌者，乃文武完全之太极也。“文武太极”只是一种说法，实践中并不按此严格划分。

5. 什么是太极拳的“体”和“用”？

答：文功为体，武事为用；盘架子为体；推手为用；精气神为体，筋骨皮为用；道为体，身为用。

6. 什么是太极拳的基本功？

答：一般来说，太极拳的套路就是基本功，盘架子就是练基本功，也有将基本功姿势作为站桩功来练习，但太极拳并不强调站桩，在正式演练时也不应停顿。

另外，用某些拳势单练发劲，或练习抖杆，是为技击而用的基本功。

7. 对太极拳有何评价？

答：太极拳是“健康之花”“长寿之阶”“艺术三光”“武术之诗”“国家之宝”“民族之傲”。

8. 太极拳应在何处练？

答：练拳应选择空气新鲜，空间旷达，环境优雅之处为好，如水边、林间、公园、亭堂等地。但应注意莫让太阳暴晒，尤须避免有风及有阴暗潮湿霉气之处。

9. 练拳之前应注意什么？

答：过饥过饱不宜练拳，酒后不宜练拳；早起练拳，必须排清二便，憋尿练拳以利于气沉丹田的说法，是很错误的，不利于放松；服装要宽舒适体，寒暖得宜；热天仍要穿衣，不可裸胸练拳，亦不可穿皮鞋练拳。

10. 练拳之后应注意什么？

答：练拳后不可随即安坐或静卧，亦不宜立即进食，须步行片刻，以调和气

血；天凉时应及时穿上外衣，勿受风吹。拳谚曰：“避风如避箭，避淫如避乱”，练拳出汗后尤其要避风以及避免立即洗凉水澡。

11. 练拳是否一定要动作配合呼吸？

答：不是的。此事为许多人所误解，太极拳之呼吸，无论内气也罢，呼吸空气也罢，应均以“自然”二字为最高原则，不必有意去引导。呼吸的极意是忘掉呼吸，绝不强求动作配合呼吸，练拳时，若要领正确，呼吸自能缓、均、深、细，虽汗漓而呼吸不喘，这才是我们希望的，也可作标准。

12. 每次练太极拳时间多长为好？

答：太极拳练习有谚语：一遍不忘两遍熟，三遍四遍长功夫。但各人时间和体质条件不同，要具体分析，时间少，每天一两遍，若长期坚持，必有效果；体质弱，过久难以坚持，但若有时间，宁可架子稍高些，多练一会。练拳最忌一曝十寒，俗语有“一日练一日功，一日不练十日空”。

对于以武功为目的的习练者，要求就不同了，最好每天连续两到三个小时，坚持三年渐渐入门。

13. 为什么要求先形似，再求神似？

答：太极拳重意不重形，此话不可曲解。必须先求形似，再求神似，开始若不求姿势正确，必难掌握太极要领，神似无从说起；然而形似不等于神似，有人练得很像，但若不继而追求内功要领，仍然无异于广播体操。只有达到纯以神行的地步时，有形无形皆太极，这才是太极重意不重行的真正含义。换言之，练拳首先要“循规蹈矩”，明规矩而守规矩，意臻上乘之时，即可脱规而合规。

14. 为什么要先求开展，后求紧凑？

答：“先求开展”是指在初级阶段争取大开大合的练习方法，身法尽量放大，以求将拳架练得完整、细致、浑圆，这是太极拳的“大圈”练习阶段，这一阶段的练习内容主要偏重于形体的锻炼；“后求紧凑”则是指经过一段时间的练习，动作能够正确体现“完整、细致、浑圆”的锻炼要领，并在这个前提下，逐步提高到能以较小的身法和较小的旋转幅度来练习拳架，这是太极拳的“小圈”练习阶段。

15. 练拳步骤应如何安排？

答：从内容上讲，先练拳架，后练推手，再练器械。

16. 练拳最要紧的是什么？

答：若能晨昏无间，寒暑不易，一经动念，即举拳练，无论老幼男女，必将成功，坚持是练习路上最难的坎。

17. 练太极拳为什么不能专求力和专求重？

答：专求力会导致圆转不活；专求重会导致凝滞不灵。

18. 力如果使过大对人体有没有危害？

答：因为是强为的力，使力过大，超过自身的限度，会伤及自身。

19. 练拳者在身法上应注意什么？

答：静态时不可挺胸、收腹、突臀、耸肩和弓腰驼背；动态时避免憋气和双脚整脚同时着地。

20. 练拳不注意身法会造成什么后果？

答：会导致气滞不通、全身拘谨，双脚似浮萍草，飘而无定。劲法传递过程由于身法僵硬会导致断劲，长久下去越练越僵。

21. 练拳时全身肢应当做些什么？

答：要全身放松，立身中正，脊柱竖直；松腰、敛臀、圆裆、开胯，保持中正，不偏、不倚；虚心实腹，上虚下实等。

22. 评判和习练太极拳应做到哪几个“不丢”？

答：（1）习练太极中不丢；（2）内练太极意不丢；（3）外练太极型不丢；（4）沉肩坠肘圆不丢；（5）沉髋落胯坐不丢；（6）含胸拔背劲不丢；（7）旋腰转脊神不丢；（8）身肢放长松不丢。

23. 为什么练拳须从无极始？

答：练拳须从无极始，是要求现代练拳者对意气的重视和培养。

24. 历代拳师是怎样评价无极的？

答：历代拳师评价无极是太极的入门券，俗语有“不入无极圈，难成太极图”。

25. 历代拳师认为太级拳的核心是什么？

答：阴阳开合是太极拳的核心，内劲是太极拳的核心。

26. 阴阳开合怎样用现代语来解释？

答：阴阳开合是矛盾对立的统一，运动中断开肢体独立运行，静态中连接成整体。

27. 太极拳在矛盾中起什么作用？

答：太极拳是矛盾的调和者，太极是矛盾对立统一的象征。

28. 太极拿什么来调和矛盾？

答：太极拳靠“开合”运动作为工具来调合矛盾。

29. 为什么说太极拳是动静相兼的？

答：太极拳要求动中求静，在快速的运动中保持心神沉静；静中求动，静态中随时转换成快速动态，身体时刻保持放松为下一个动作做准备；静中生动，学会借助自然之力的重力，而不是简单运用肌肉骨骼力量。

30. 太极拳对内讲究意气运动，对外讲究什么？

答：太极拳对内讲究意气运动，对外则是讲究神和形的配合。所以太极拳是讲究内外俱修的，是既练太极之气又练太极之形的内家拳术。

31. 太极拳是否偏重内或偏重外？

答：太极拳不可偏重一方，也不可轻视一方。

32. “太极拳只追求外在的神形运动，不追求内在的意气运动”，这是什么表现？

答：这是练“操”的表现，不是练太极拳。

33. 为什么说太极拳是性命双修的拳法？

答：因为太极拳是既练先天之气，又练后天之气。

34. 什么是先天之气和后天之气？

答：先天之气受之于父母，是从母胎中出来就有的身体体质，它的好坏完全是受父母的影响。后天之气是出生以后，通过食物、阳光、锻炼等因素生长的。

35. 人类为什么要进行后天锻练？

答：先天之气得到培养和壮大，单纯依靠自然的米谷等物质是不能满足的，还需要后天的锻炼来增强。

36. 练拳为什么要先明理论？

答：练拳须明理，理通拳法精。练拳者如果仅仅是埋头苦练，而不学习、不研讨，则可能会走弯路，甚至练偏，不会有精湛的拳艺。

37. 太极和无极是什么关系？

答：无极是太极之母，太极由无极生。无极是阴阳万物之母。

38. 道家学说是怎样解释天、地、万物的？

答：天地万物之初，廓然无象，天地未开，混浊未分，阴阳无形，动静无始，此时就是无极世界。

39. 道家是怎样形容无极的？

答：欲说无词，欲写无字，空空洞洞，混混浊浊，无声无嗅，无端无形，它的形象是一个字“静”。

40. 道家认为静、无极和太极三者有什么关系？

答：有了静，势必会静极生动，静是无极的表现；动则是太极生，有了动静就是太极的象征。

41. 道家的阴阳观点和唯物论的矛盾论观点是否统一？

答：两者是统一的。道家认为：“阴阳无处不在，阴阳无处不存。”矛盾论认为：“矛盾充满世界。”道家认为：“阴阳不断互动，互换，最后达到阴阳统一，阴阳统一就是太极。”矛盾论认为：“矛和盾对立统一，不断斗争，转换，最后达到统一。”

42. 怎样求无极？

答：选择环境幽静，空气清新之处，自然站立，周身放松，摒除杂念，收心求静，使己心定神宁，身心虚静，物我两忘，一念无思，一物无有，进入一片空空洞洞无极景象。

43. 太极拳的性质是什么？

答：太极拳是内功拳，内家拳以修练内功为本，内外俱练。

44. 太极拳的统帅与核心是什么？

答：内劲是统帅，是核心。拳若无劲，其实无用。

45. 太极拳的内功靠什么来体现？

答：太极拳的内功靠太极拳的刚柔内劲来体现。

46. 内劲怎样才能浑厚？

答：精满，气足，神聚，再配合全身肢的放长，则内劲自然浑厚。

47. 气与内劲是什么关系？

答：气为劲之本，劲为气之用，内气劲足就是内功浑厚。

48. 哪些办法可以求内气？

答：求内气的办法很多，如各种基本功、桩功、慢练太极拳（也称活桩功），都是求内气的好办法。

49. 站桩和活桩有什么好处？

答：除培气养气外，还可以使人身上虚下实，胸空腹实，上体稳重如山，而下体更加轻灵，身心虚静，内外严谨，上下合一，周身一家。

50. 怎样求气？

答：求意就是求气，求意就是以意带气，意就是心想，是大脑，以意行气。

51. 能不能以力带气？

答：练意就是练气，不要以力带气，气在意则灵，气在力则滞。

52. 练太极拳是一个什么过程？

答：就是意气神形合一的过程，是运行阴阳之理的过程。

53. 太极拳利用什么来使阴阳二气盈虚消长？

答：通过虚实开合，升降循环，使阴阳二气盈虚消长，互相调剂。

54. 什么是阴阳之理？

答：阴阳之理是道家的一种学说，把天比做阳，把地比做阴，阴阳合抱才可生万物。世界上处处有阴阳，阴阳无处不在，阴阳无处不存。有了阴阳才有世界，才有万物。

55. 道家讲阴阳合抱生三才，是哪三才？

答：天、地、人。

56. 道家对人体的阴阳之说大概是怎样解释的？

答：人体的心在上，为阳。肾在下，为阴。心肾相交，阴阳相合，生三才。

57. 道家认为人体阴阳相合生哪三才？

答：精、气、神。

58. 太极拳求两仪，什么是两仪？

答：两仪是阴阳，阴阳是开合，开合最简单的是断开和连接身体关节。

59. 开合和动静是什么关系？

答：动则为开，静则为合。

60. 太极拳怎样利用开合？

答：开合是被太极拳用来做调和矛盾的工具。

61. 开合有几种开合？

答：有两种，即内开合和外开合。

62. 内开合是什么开合？

答：内开合是气机节奏之开合。

63. 什么是气机？

答：气机即是百脉，是经络，是筋膜。

64. 内开合是什么表现？

答：一开百脉全开，一合百脉全合。

65. 外开合是什么开合？

答：外开合是机体之开合。

66. 什么是机体？

答：机体就是全身体。

67. 外开合是什么表现？

答：一开四肢全开，一合四肢全合。

68. 内外开合之间有什么关系？

答：外开合以内开合为主，内开合以外开合为助。

69. 做开合是否可以内外开合分开做？

答：刚开始的训练可以，但最终需要内外开合一起做。

70. 内外开合一起做有什么作用？

答：这样做内气可以充于肌肤，敛入骨髓，身心合一。

71. 内外开合各有所主是指的什么？

答：内开合是以呼吸为主，外开合是以胸腹四肢折叠为主。

72. 内开合的呼吸是指用什么来呼吸？

答：内开合的呼吸多指用腹式呼吸，也称是先天呼吸。

73. 腹式呼吸是否就可以说就是丹田在呼吸？

答：人为的腹式呼吸不能称为丹田呼吸，只有训练到了一定的程度，丹田才会自己呼吸，提前于自己做的动作，为动作提供能量。

74. 一身之开合应首在何处？

答：一身之开合应首在胸腹。

75. 胸腹折叠和丹田呼吸能达到什么目的？

答：胸腹折叠开合，丹田开合吸引，任督二脉得以沟通，十二经脉得以贯通，内气能流转，阴阳二气并行不悖，相成一气，折中和之道而开合，久久练习自归太极原象。

76. 仅埋头苦练，能否练好太极拳？

答：不能。只有掌握正确的练习方法，悉心领悟，学习理论，得太极之精华，才能起到事半功倍的效果。

77. 我们是怎样认识太极拳规律的？

答：经过几百年来的反复实践，不断总结经验，才使人们逐渐认识了它的规律。

78. 目前在社会上主要有哪几种太极拳在流行？

答：主要有陈式、杨式、吴式、孙式、武式五种太极拳在流行。

79. 陈式、杨式、吴式太极拳最明显的外形区别是在哪里？

答：主要区别在身形上，陈式、杨式要求立身中正，而吴式要求斜身中正。

80. 是否什么样的太极拳都可以一起练？

答：因精力、文化等原因，提倡以一门为主，辅练其他太极拳。

81. 练太极拳要“心神虚静”贯始终，这个“心”怎样解释？

答：由于古人认为心是思考的机关，故而把心放在首位，认为心能指挥一切。先代拳师凭借经验知识已经认识到“大脑”才是真正的指挥部，应把心理解为大脑。但为了配合古人的理论，就一直把大脑说成心来讲解。

82. 意、气、力之间是什么关系？

答：它们的关系是以意领气，以气发力。

83. 虚怎样解释？

答：虚是松，是空，是不实在。

84. 虚静怎样理解？

答：虚静在太极领域里是指心静、松静。

85. 神怎样解释？

答：在外形上看是眼神，神气鼓荡；从内在来看，是心中之神，神宁才不会急躁，神宁气才会有所归，才能做到一念无思，一物无有。

86. 为什么练太极拳要心神虚静？

答：若能心神虚静，则精神内固，气不散乱，意会在人先，感觉会灵敏，能达到以静制动，后发制人。在推手竞技时，虚静才能听劲，才会懂劲。

87. 太极拳在意气方面被称为是什么运动？

答：太极拳在意气方面被称为是在大脑支配下的意气运动。

88. 内在意气是否动荡，在什么地方可以表现出来？

答：外在的神气动荡是内在意气鼓荡的唯一表现。

89. 强调太极拳要以气运身，那么是否在练太极气时就要想着气怎样运？

答：练气时不要想着气怎样运，要想着意怎样行，就是想着意怎样通过关节窍门，贯注到动作中。

90. 练拳时，要通过闭眼、傍头来表现运气、听劲等是否正确？

答：错误。这是对太极拳意气的误解，不可学，更不可做。

91. 内气和外形是否能分离？有什么后果？

答：内气和外形不可分离，否则目光会呆滞，行动迟缓。

92. 什么是太极功夫？

答：太极功夫有两层意思：一是祛病延年的养身功；二是强身防身的技击功。简单地说，一是健身，二是克敌。二者统一才是太极功夫。

93. 练太极拳只重视养身功的锻炼是否正确？

答：不正确。只重视养身功的锻炼，不重视技击功的锻炼是不完整的太极拳，是拳必有攻防技术。

94. 只重视养身功的锻炼是一种什么性质的锻炼？

答：这是一种健身式的、气功式的锻炼，不属于拳术范围，更不属于武术范围。

95. 练太极拳只重视技击功的锻炼，而不重视养身功的锻炼，正确吗？

答：不正确。这是一种只有标没有本的锻炼，不是内家拳所为，所以也不能算是太极拳。

96. 太极拳之所以有显著的养身功效，其主要原因是什么？

答：主要原因是在于始终的心神虚静。

97. 练太极拳应把意识放在什么地方？

答：应该把意识贯注于动作中。

98. 所谓的以意行气应当怎样理解？

答：练气要用心想着练，用意领着练。

99. 练太极拳在外的表现应注意什么？

答：时刻不忘外显的神气鼓荡，做到不呆、不痴、不滞。

100. 静桩、动桩、活桩都应该注意什么？

答：都要思想集中、精神蕴蓄、心静神宁、杂念不起、全神贯注。

101. 练太极拳是否要求心意动全体动？

答：是的。心意动全体动，心意静则全体静。

102. 什么是太极的中正？

答：不偏不倚，无过无不及。

103. 中正在太极拳中的身法是怎样表现？

答：在身法上体现的是立身中正，不僵不滞，胸背及命门吞吐有秩序。

104. 怎样掌握身法的中正？

答：无所偏倚，自顶而下一线穿成，周身内外，左右平准。

105. 练太极拳要求中正以什么为主？

答：以身躯脊柱的中正为主，肢体的中正为辅。

106. 肢体的中正影响不影响身肢的中正？

答：中正是全身肢的中正，故肢体的中正与否，也会直接影响身体的中正。

107. 人体有哪三节之分？

答：上肢为梢节，下肢为根节，身肢为中节。

108. 人体三节又各分为几节？

答：每节又各分为三节，共九节。这九节也即是意气运行的九窍。

109. 人体共九节窍在人体的什么地方？

答：上肢三节：（1）根节肩井穴；（2）中节曲池穴；（3）梢节劳宫穴。下肢三节：（1）根节环跳穴；（2）中节阳陵穴；（3）梢节涌泉穴。身肢三节：（1）根节下丹田；（2）中节中丹田；（3）梢节上丹田。

110. 人体有五弓之分，分别在什么地方？

答：上肢为两张弓，下肢为两张弓，身躯脊柱为一张弓。

111. 人体有弓把和弓梢之分，分别在五弓的什么地方？

答：人体有五个弓把，弓把是最吃力的地方，它们的位置是下肢的两膝，上肢的两肘，身躯的命门穴。弓梢有十个：上肢的两腕、两锁骨；下肢的两足根、两胯；身躯的第一颈骨和尾间骨。

112. 五弓的作用是什么？

答：（1）有整体劲；（2）能蓄能发，刚柔相齐；（3）才能一动全动上下随。

113. 全体中正应当做到什么？

答：五功齐备而合一，三节贯串为一节，则全体中正。

114. 四丹田在人体的什么地方？

答：通常认为上丹田在两眉之间的祖窍穴，中丹田在脐下的神阙穴内，下丹田在裆下的会阴穴，后丹田在腰后的命门穴。两眉之间的祖窍穴有人称其为印堂穴，脐下的神阙穴有人称其为气海穴。

115. 上丹田的主要作用是什么？

答：聚精会神。上丹田主要管神，俗话说："上封天门，轻如羽毛。"

116. 中丹田主要作用是什么？

答：中丹田是培气养气的地方，是气的住舍，气的仓库。

117. 下丹田的主要作用是什么？

答：下丹田管沉坠稳健。俗话说："下封地户，沉重如山。"

118. 后丹田的主要作用是什么？

答：后丹田是意气出入之门。

119. 太极讲三性归一是指什么？

答：精、气、神归为一体。

120. 太极拳中的五行步法是什么？

答：前、后、左、右、中，或者说前、后、顾、盼、定。

121. 太极拳中讲的顾、盼分别指什么？

答：左为顾，右为盼。

122. 把人体分为三节，对练太极拳有什么好处？

答：行三节，三节发劲，梢领，中随，根节催。

123. 把人体分为九个节窍的目的是什么？

答：把人体分为九个节窍的目的是贯九窍。依窍而行，以意领气贯九窍，节节贯串中气通。

124. 太极拳还把人体分为十八球，分别是指哪里？

答：指两踝、两膝、两胯、两肩、两肘、两腕、两臀、颈、胸、腹、腰。

125. 为什么要缠绕十八球？

答：这是锻炼全身的主要关节，防止老化、推迟老化的好办法。

126. 太极拳中所说的八法五步的八法指的是什么？

答：八法也称八卦或八方，是指太极拳的八种劲。

127. 太极拳有哪八种劲？

答：挪、捋、挤、按、采、挒、肘、靠。

128. 太极拳中讲的三法合一是指什么？

答：三法合一是指功法、拳法、身法，三法合一。

129. 太极拳的内气是干什么用的？

答：养身。保健都靠内气，制敌克敌也靠内气贯注于中才会有威力。习拳、练架，内气贯入动作中，神气才会鼓荡。

130. 什么是心虚实腹？

答：心虚实腹就是上胸部松空，下腹部实。上虚下实。

131. 无过、无不及是什么意思？

答：意思是不要超过所要的距离，也不要达不到所要的距离。

132. 什么是气沉丹田？

答：气沉丹田就是意气沉入丹田。

133. 什么是舌顶上腭，起什么作用？

答：舌顶上腭就是舌头轻轻顶住上腭。舌顶上腭能使任督二脉得以沟通。

134. 什么是周天循环？

答：周天循环指大周天和小周天的循环。大周天通常指四肢百骸，小周天通常指任督二脉。

135. 什么是会阴内收？

答：会阴处轻轻提夹起而不漏气。

136. 中正不偏要求是什么？

答：要头正，颈直，虚领顶劲，目视前方，重心平稳。

137. 为什么要虚领顶劲？

答：虚领顶劲后，精神才能提起，中气才能贯注。

138. 什么叫虚领？

答：虚者，轻轻领起，不可过，也不可不及。

139. 塌腰时要区别什么？

答：塌腰要区别于软腰驼腰、弯腰、瘪腰。

140. 什么是软腰？

答。无劲的，疲塌绵软的。

141. 为什么要塌腰敛臀？

答：塌腰敛臀，腰劲才能下贯，全体之劲才能合于丹田而不漂浮；敛臀则骶骨有力，尾闾中正，配合命门，命门会自然放松，张开，中气贯于脊中，上自百会，下达会阴，一线穿成。

142. 为什么要沉肩坠肘？

答：两肩是否圆活，全在两肩是否能松开、下垂，两肩不能松开则圆转不灵。

143. 两肩怎样才能沉着虚灵？

答：两肩如同挂在两膊之上一样，则两肩才能沉着虚灵。

144. 沉肩为什么必须坠肘？

答：肘不坠，肩就不会沉。

145. 不沉肩坠肘会导致什么病象？

答：不但四肢圆转不活，气还会上浮，周身之劲也会跟着上浮而不得力，不沉稳，且影响身体的中正。

146. 臂弓如何做好？

答：沉肩坠肘，肩、肘、手三节，节节贯串，达于手指，且臂弓备好。

147. 是否在练拳时从头至尾都要沉肩坠肘?

答：练拳时两臂、两手，无论如何运转，或上、或下、或左、或右，始终都要保持沉肩坠肘。

148. 腿部如何才能做到两节相对?

答：挺膝，沉髋，曲腿，敛臀，坐胯，落胯。

149. 为什么要两节相照或称两节相对?

答：两腿之间的枢纽是两胯。腰劲能否下贯，周身是否相合，上下能否相随，一身能否中正，全在胯弓梢和足弓梢是否能两节相照。

150. 什么是胯的松开?

答：胯的松开，不是说站在那里把两腿岔开就为松开了，而是指胯的骨缝松开，放长。

151. 用什么办法来使胯松开?

答：松膝、坐胯、落胯就是松胯的特有办法。

152. 如果不松胯会有什么样的后果?

答：不松胯，裆就不会圆，转换不会灵，上下合不住劲，不能使足脚踏实地，且影响身体的中正。

153. 曲膝的高度有没有规定?

答：曲膝的高度根据腿力的大小和坐胯落胯的高度来做。但任何时候都要做到无过、无不及。且练拳时一定要曲膝、坐胯，不可站在那里练拳。

154. 什么是曲膝做过了?

答：坐胯时，臀部低于膝部为过；弓步时，膝部超过脚尖为过。

155. 曲膝做过会有什么样的后果?

答：曲膝做过会伤膝，且又会憋气不通，气难贯足底，不能完整一气，转换也会不灵，无所适从。

156. 中正不偏后有什么好处?

答：中正不偏，神自然不偏，中气才能通于脊梁骨之中，行之四梢骨髓之中。

157. 什么是四梢？

答：两手指尖，两脚指尖。

158. 中正还要注意哪些？

答：立时要中正，斜时也要中正。

159. 斜身中正是什么意思？

答：有时因套路的要求，会做一些斜身的动作，但斜身时，身体仍然要像一根绳一样斜着一条线，中间不可弯曲。

160. 什么是柔的性质？

答：其质如水，软而有弹性。

161. 什么是刚的性质？

答：其质如铁，但刚中有韧性。

162. 刚是怎样来的？

答：欲求刚，先求柔，积柔才能成刚。

163. 刚在太极拳中是怎样表现的？

答：在太极拳中，运劲时为柔，发劲点为刚，运劲到落点是极强的刚。

164. 柔韧怎样解释？

答：软而有弹性。

165. 和顺怎样解释？

答：中和之气，顺顺达达。

166. 柔顺怎样解释？

答：就是柔韧与和顺。

167. 和是什么和，顺者应该怎样？

答：和者是心内中和之气，顺者流畅无滞。

168. 什么是心内中和之气？

答：中丹田之气，中间之气，不偏不倚之气。

169. 松怎样解释？

答：松是指全身四肢的筋皮肉骨、骨缝，放松、松开、伸拔、拉长，尤其是骨节的松开。

170. 松和软有什么区别?

答：有着本质的区别。松是松柔，松中有弹性。软是疲软，是散。松是有劲的，软是疲沓无力的。

171. 全身肢的松开会产生什么样的后果?

答：会产生弹簧劲。

172. 练拳用意不用力的目的是什么?

答：通过以意行气，以气运身的锻炼，逐步达到积柔成刚，刚柔相济，虚至虚灵的高浑境界。

173. 人类的身体为什么会固有僵劲与拙力?

答：人类为了生活，不得不在很小的时候就举重拿重物，从而养成了使力的习惯。这种力用在练太极拳上就是僵劲、拙力。

174. 拙力、僵劲有什么不好?

答：拙力、僵劲会造成肌肉紧张，关节僵硬，筋韧不活，练拳者会感到这儿不顺，那儿不适，周身难以协调。

175. 初练太极者，应首先解决什么问题?

答：催僵，去硬，求柔。

176. 练拳时，除舌顶上腭、会阴内收、虚领顶劲三处有上提之意外，其他部位是否都要下沉?

答：是的。

177. 全部下沉主要有哪些内容?

答：主要有气沉丹田、沉肩坠肘、含胸拔背、沉髋、坐胯、落胯、敛臀、双肋下沉等。

178. 欲刚先求柔，柔又是用松开的办法，那么求轻是否就是求柔?

答：柔是全身肢的放长而来的，不是求轻，求轻是永远得不到柔的，轻只是柔的一种表现状态。

179. 求轻会有什么后果？

答：求轻不会去掉身上的僵劲，而且是处处不敢出手，放不开手脚，并且会变的更为拘谨，会使神形意气涣散，神气因气势散漫而偏软。

180. 求重会有什么后果？

答：求重就会使拙力，这样拙力和僵劲不但不能去掉反会更加严重，重起重落的练拳会导致血脉不通，周身迟滞。

181. 松开是否仅仅是筋皮肉骨的松开？

答：松开不仅仅是筋皮肉骨的松开，其身心也要松开放松。身心松开包括：（1）表情放松；（2）精神放松；（3）体内放松；（4）身肢放松；（5）呼吸放松。

182. 人体的节窍是什么？

答：人体的节窍位于人体的骨节之处，所以称它为“节窍”，它是内气进出骨髓之门。

183. 如果想达到整体劲的一气呵成，应当怎样做？

答：就要在习拳练架时，做到以腰脊为主宰，腰脊带头，腰脊为中心环节，上动下随。

184. 要做到上动下随，关键是什么？

答：关键是腰脊带头，内外合一，周身一家。

185. 如果不用腰脊带头会有什么后果？

答：会呆板，不圆活，断劲，使拙力。

186. 初练太极拳者在刚柔方面要经过什么阶段？

答：要有一个时期来摧毁自身固有的僵劲，故称这个时期为摧僵求柔期。

187. 摧僵求柔期，是否可以说是练功期？

答：它是练功前的准备阶段，不能称为是练功期，而是初学期。

188. 什么时候可以进入练柔成刚期？

答：身上的僵劲、硬力已经去掉，再进入练柔成刚期。

189. 什么是练柔成刚期?

答：练拳时能表现出劲别，该柔的柔，该刚的刚，这就是练柔成刚期。

190. 如果不能表现劲别，说明什么问题?

答：刚柔不足，速度过快、疲软，都会造成劲别不明。

191. 在练拳时是否一定要柔吸气，刚呼气?

答：初练和练慢拳可以自然呼吸，功夫纯熟者可以在拳式的落点时呼气，放劲。

192. 刚柔相济的高级阶段应该配合什么来做?

答：配合心意和呼吸来做，真正做到意、气、力的相合。

193. 周身一家是怎样的表现?

答：就是一动全动，手、脚、胸腹腰脊、心意劲力一齐动，协调连贯无断续。

194. 周身一家的基础是什么?

答：（1）内外相合；（2）节节贯串；（3）一气呵成。三方面共同完成才是周身一家的基础。

195. 内外相合的解释是什么?

答：内外相互配合，即内在的心意、外在的神形相互配合融为一体。

196. 节节贯串怎样解释?

答：无断意、无断气、无断劲、无间断。

197. 腰脊带头是什么意思?

答：所谓头，就是先，是领导的意思。这里是说，腰脊要先动，四肢后动，四肢是在腰脊的带动下动。

198. 人体有许多环节，中心环节在哪里?

答：中心环节在腰脊。

199. 中心环节转动会带动什么?

答：中心环节转动，会产生离心力，经内外相合，就能一气呵成地完成节节贯穿。

200. 节节贯穿一定要在什么条件下才能完成？

答：一定要在一气呵成的条件下完成，而一气呵成的劲就是由腰脊带头转动之下产生的，因此说，节节贯穿是在腰脊带头转动下而完成的。

201. 如果节节贯串被理解为要做出传劲的神态会怎样表现？

答：就会像机器人一样，一节一节地传动，破坏了劲的整体性而产生断劲。

202. 节节贯穿的真正目的是什么？

答：节节贯穿的真正目的是把劲的能量瞬间有效地传到身体所需的部位进行攻防。

203. 上动下随，周身一家，内外合一是否能快速练成？

答：不是一朝一夕能够练成的，必须经过长期的训练，反复的学习，反复的研究，反复的体会，用太极之理来指导训练，最后才可达到。

204. 腰脊是人体的什么轴？

答：腰脊是人体的主动轴，是人体的中心环节，要想做到上体松、下体实，中部一定要活。

205. 两膊相系是什么意思？

答：就是肩与肩、肘与肘、手与手之间，在开时像有一根牛筋系着一样，想挣也挣不开；在合时中间像有一个弹簧一样，想合也合不拢。

206. 上于两膊相系，下于两腿相随，相随的含义是什么？

答：其一，两腿之间要相随；其二，手与脚之间要相随。

207. 上下相随，中间自然相随，其含义是什么？

答：就是上下动，中间要应；中间动，上下要和。

208. 上下动，中间应的运作为什么在腰脊？

答：转动关节全在腰脊，腰脊不转，仅凭两手动，手腕关节和锁骨关节这两个节梢就不会相照，就会形成手动身不动的呆板，手动身腿不随的不活，照样是迟滞的病象。

209. 内外合一的含义是什么？

答：内有脏腑筋骨，外有肌皮肉骨，四肢百骸，意气神形都要合一。

210. 什么是内三合？

答：心与意合，意与气合，气与力合。

211. 什么是外三合？

答：手与脚合，肩与胯合，肘与膝合。

212. 什么是合？

答：相互配合的意思。

213. 练太极在内意的指导下，应做什么？

答：内气上下贯通，缠绕运行，入于骨髓，充于肌肤，达于四梢，经丹窍，贯经穴，遍遍全身，使先天和后天混而合一，周身贯通。

214. 内外合一，上动下随，是否是太极拳的规矩？

答：既是太极拳的基本要求，也是太级拳的整体运动的一贯规矩。

215. 腰在太极拳中占什么位置？

答：练太极拳，腰是一身的主宰，上下沟通的枢纽，左右转换的中轴。

216. 腰在太极拳中对意气和身法有什么影响？

答：中气的贯注，意气是否能沉入丹田，内气的出入，虚实的转换，一身的中正和平准，都和腰有着密切的关系。

217. 太极拳久动不疲的动力是从哪里来的？

答：来自虚实的转换，半边用力、半边休息。

218. 虚实转换的总枢纽是哪里？

答：虚实转换来自于腰，腰是一身的总枢纽。

219. 腰的虚实分得清，是否关系到其他虚实分得清？

答：腰的虚实如分得清，全身的虚实就分得清。

220. 练太极拳虚实转换是否重要？

答：虚实转换是练太极拳架和推手较技动力的来源，虚实转换的好，练拳就能耐久不疲，转换的灵，精神就充沛。

221. 虚实是怎样产生的？

答：虚实是由于人体的重心移动而产生的。

222. 虚实要分清，是指哪里的虚实要分清？

答：首先是腰的虚实要分清，然后是足的虚实、手的虚实，最后是一手一足的虚实。

223. 什么是松腰？

答：松腰就是颈椎骨、脊椎骨、胸椎骨、腰椎骨直至尾闾骨，骨节要放松、松开，并从颈椎到尾闾的筋皮肉骨也随之放松、松开、伸拔、拉长。

224. 松腰的反面是什么？

答：松腰的反面是紧腰。紧腰就是收紧颈骨到尾闾骨的骨节和筋皮肉骨，骨节不松开，不伸拔，腰脊像捆上木板一样，使腰脊转动不活。

225. 什么是塌腰？

答：塌腰就是颈椎骨至尾闾骨在松开的前提下，还要有下沉之意，并且要节节相对，直竖对准，不要错位、弯曲，以致造成身法偏移，挺胸、驼背等都是骨节没有直竖对准而造成的。

226. 塌腰的反面是什么？

答：塌腰的反面就是骨节对不准，身法偏移，造成瘪腰、挺腹、窝胸、驼背等病象。

227. 虚腰的“虚”字怎样解释？

答：所谓的虚腰就是松腰。虚腰的反面是束腰，类似用一根绳索紧勒腰部。

228. 收腰、瘪腰、束腰会造成什么后果？

答：收腰、瘪腰、束腰都是腰部紧张而造成的，会使腰部硬而不灵，约束了腰的活动性。

229. 腰为什么一定要松开？

答：腰部放松、松开，前腹才能跟着松开，腹部松开，气才能敛入丹田，沉入足底。

230. 气敛入丹田，沉入足底有什么好处？

答：只有这样，才能做到上虚下实，胸空腹实，配合松胯、坐胯、圆裆，则腰劲下贯，两股有力，下盘会固如磐石。

231. 塌腰为什么要首先注意敛臀?

答：塌腰首先敛臀，尾闾才会自然中正，骶骨才会有力，命门处才会自然张开。

232. 转腰在“转”的问提上要分清什么?

答：“转”与“不转”，“先转”与“后转”这个问题要分清。

233. “先转”与“后转”的腰区别在哪里?

答：就是在转动时，看练拳者是先转腰，后迈腿，还是先迈腿后转腰，或者是转腰和迈腿在同时做。前者是正确的，是转腰，体现了腰脊带头。后两者都为不转腰，没有体现腰脊带头。

234. 不转腰的后果是什么?

答：不转腰就不能虚实转换，不能上动下随，不会一动全动，不会周身缠丝，不会劲由内换。尤其推手较技时，就不能做到“引进落空”，无法“转进如风”，无法沾粘连随，无法舍己从人，不能做到圆活如珠，身法会迟滞、呆板。

235. 太极拳是否讲究眼神的重要性?

答：太极拳对眼神的要求是十分讲究的。眼神如果不能主动与手脚或对手呼应，就谈不上眼神的传递。

236. 不重视眼神的运用，甚至用别的方式来表示意气动荡为什么不对?

答：不重视眼神的运用，甚至弃而不用，用傍头、闭眼的方式来表示自己在运气、在走意、在听劲等，都是对神气、意念、听劲、运气的误解。意在神，不在气，在气则滞，在神则灵。

237. 太极拳的方圆怎样解释?

答：其方圆的定义就是刚柔的定义，也指运行线路的直线与弧线的交替揉合变化。

238. 方圆在练拳习架中怎样表示?

答：圆为紧凑，方为开展，圆为柔，方为刚，这是太极拳中要求方圆相生的由来。

239. 初练太极拳的人是否要表示方圆相生？

答：初学者可以只表示圆，不表示方。当功夫纯熟以后，再表示出方圆。

240. 练拳中有运行和运劲之说，怎样区别？

答：没有攻防意识为运行，有攻防意识为运劲。

241. 运劲为刚，但在整个运劲过程中，刚的力度有没有变化和区别？

答：有区别，也有变化。在运劲开始时，一般是微刚，随着离落点越来越劲，刚的力度在不断加强，到达落点时，是极强的刚，同时也是精神、意气的聚集之处。

242. 螺旋缠绕的目的是什么？

答：缠丝是运中气之法门，螺旋缠绕的目的是运行中气。

243. 缠丝劲的特点是什么？

答：缠丝劲的主要特点是粘裹，像胶水一样沾粘住对方。

244. 缠丝劲在外的作用是什么？

答：进攻时，通过螺旋增加拳术的威力；防守时，通过缠绕弧形卸掉和化解引化对方的来力。

245. 缠丝在上肢是怎样的表现？

答：转腕旋臂。

246. 缠丝在下肢是怎样的表现？

答；转踝旋腿。

247. 缠丝在人的身躯是怎样的表现？

答：旋腰转脊。

248. 顺缠是怎样的表现方式？

答：顺缠是离心力，表现在上肢是离身躯越来越远，表现在身躯上是胸腹相开，表现在下肢也是离身肢越来越远。

249. 逆缠是什么表现方式？

答：逆缠是向心力，表现在四肢是离身躯越来越近，表现在身躯上是胸腹相合。

250. 顺缠在手掌上是什么表现？

答：手心由内向外翻转。

251. 逆缠在手掌上是什么表现？

答：手心由外向内翻转。

252. 要想掌握缠丝劲，应当掌握哪些要领？

答：第一，要在精神实质上掌握。一举一动周身要轻灵，精神要领起，避免滞重、呆痴；第二，在运劲缠丝中，要节节贯串；第三，要神气鼓荡一气呵成，意气内敛，不可别有所思而造成劲无含蓄，身法错乱，气势散漫。

253. 折叠和松紧有没有关系？

答：折叠也就是一松一紧的表现方式。在转关处、在往返之间、在进退之间加以折叠，也就是在动作之间做一松紧，这种松紧的运作，也就是折叠的表现方式。

254. 做好折叠对练好太极拳有什么好处？

答：练拳时，就会表现出似松非松、似紧非紧、将展未展的神态，能避免机械、断劲、呆滞、不连贯、不协调等一些病象。

255. 所谓拳术的“术”是指什么？

答：“术”是指用拳的方法，是攻击或防守的方法。

256. “练拳不练功，到老一场空”，这里面的功是指的什么？

答：功，对太极拳而言，内指内气、内劲，外指拳术的运用。

257. 拳法和功法的作用是什么？

答：拳法主外，是攻击和防守的方法；功法主内，是求内功的方法。

258. 单纯的站桩是否是练太极功夫？

答：不是。单纯的站桩是培养内气的一种方法，只有在练拳习架中会气运全身，才能算是练太极功夫。

259. 不离丹田练太极是怎样解释？

答：就是以心为主宰，开合出入都在丹田。想开时，由丹田向外开；想合时，由外向丹田合。想发时，由丹田而运劲；想收时，收归于丹田。一动气由丹

田出；一静气归丹田。一紧气由中丹田涌向后丹田，充四梢；一松四梢之气进后丹田涌进中丹田。左转气由后丹田出来左转圈；右转亦然。中定，上、中、下丹田一线串。

260. 息息归根怎样解释？

答：功夫练到一定高度，做每个运动的开合都会配合呼吸，都要在静，合时气归丹田，丹田就是根。

261. 心神、意念、开合、呼吸怎样融为一体？

答：呼吸配合动作，呼吸配合意念，动作也配合呼吸，动作也配合意念，其实质是意、气、力的配合。

262. “息息归根，心息相依”，关键是什么？

答：关键是神气合一在丹田，久日久练，丹田会生气、生血，气满丹田，气血旺盛，流布全身，荣华四梢。

263. 学太极和练太极二者有无区别？

答：学太极和练太极二者相差甚远，不可混为一谈。

264. 太极拳有哪八大特点？

答：（1）大脑支配下的意气运动；（2）全身放长的弹性运动；（3）顺逆缠的螺旋运动；（4）立身中正，上动下随的虚实运动；（5）腰脊带头，内外相合的节节贯串运动；（6）相续不断，涛涛不绝的一气呵成运动；（7）从柔到刚，从刚到柔的刚柔相济运动；（8）从慢到快，从快到慢的快慢相间运动。

265. 如练拳要快时，应当注意哪些问题？

答：在快中要能表现出劲别。快而不乱，快而不失沉着。

266. 如练拳要慢时，应注意哪些问题？

答：慢时目光不呆，身法不滞，动作不停，不能给人感觉练拳者是在那里想什么心思。

267. 慢练是否也有限度？

答：宜慢不宜快是有限度的，也是相对的，慢时的限度就是不要慢的神情呆痴，动作迟滞，目定神呆，好像在那里想什么心思。

268. 由慢转快的练拳，是否有什么条件？

答：由慢转快的练拳是有限度和条件的。就是从慢练转入快练，动作仍不失沉着、稳健，能表现劲别，不发生错乱和飘浮现象。

269. 如果初学者永远停留在初学要求的慢，不去发展求快再复缓，会有一个什么结果？

答：因为练太极拳的程序是先慢后快再复缓，如果训练永远停留在第一程序上，不进入快的训练，是不求上进、不求发展的表现。结果是练不出太极拳所要的“急则急应，缓则缓随”的太极精华。

270. 快慢相间的训练，是否在时间上有什么规定？

答：时间不能做唯一的标准。不过，一般在一至二年是可以的。

271. 如果练慢拳，首先应当注意什么？

答：首先在心意，心静神宁，四肢百骸无不悦从。心意首慢行，四肢缓跟随。还要注意意念的表现。意在神在，意在神，不在气，在气则滞，在神则灵。

272. 在慢练太极的同时，是否要注意内在的意气动荡和外在的神气鼓荡？

答：要充分地注意内在的意气动荡和外在的神气鼓荡。要把意念表现在神气鼓荡上，不要把意气走窍的路线表现在外在的形体上，以及做出闭眼、傍头、耸肩、挺胸、收腹等病象。

273. 如练慢拳是否要静？

答：练慢拳不但要慢，而且要静。不宜急，能静才能慢，平心静气，静心慢练，随着和缓的开合运动，引动内气在体内细细运行，使意气相合，神形相合，使意、气、神、形都相合。

274. 练太极拳怎样才能进入物我两忘的境界？

答：在意气神形相合的基础上，顺其自然之势，听其自然之运，得其自然之机，合其自然之道，才能进入物我两忘的境地。

275. 慢练太极拳与气血有什么关系？

答：慢练太极拳能养气、养血。气以静养而有益。以平和之气，养浩然正气；以虚灵之心，养腹中之气。气和而万物壮，气盈而劲足，拳术则威力大。

276. 会练和会养有什么关系?

答:习拳练功,都要会练,会练才会养,不会练就不会养。

277. 会练是否才会长功?

答:是的。不会练就不会养,不会养就不会长,所谓的不会长就是不长功。

278. 不会练是否能练伤?

答:不会练,蛮练瞎练,就会伤,不会养也会伤。

279. 习拳练功的拳理大体包括哪些?

答:自然顺势,自然运化,自然得机,自然积累,自然升华,量力而行,循序渐进,不急不躁,似有意似无意,似有心似无心,不鼓劲,不强为,不求速,不自以为是,虚心求识,遵守拳规,等等。

280. 人的身体和道学的阴阳之论有什么关系?

答:人的身体健康不健康,取决于阴阳调合不调合,这也是中国中医界的观点。

281. 阴阳不平衡,出现阴盛阳衰会有什么表现?

答:会出现肾虚、腰腿麻木、手脚冰凉、脾虚等一些疾病。

282. 阳盛阴衰会有什么结果?

答:会出现肝火旺、心躁气疾、双眼模糊不清、嘴角起泡、肤热等一些疾病。

283. 练拳者在每天的练拳前应做好什么准备工作?

答:做好基本的准备,在练拳的头两遍,要随意练,放松练,无心练,无意练,不重外形,不重内意的活动。

284. 为什么头两遍随是心随意练?

答:其目的就是活动身体的各个关节及韧带,也就是通常说的热身运动。

285. 太极拳是身心运动,还是身体劳动?

答:是身心运动。

286. 为什么每练一次都要做收式?

答:这样做可将行拳走架时扩散的气收回丹田,这样越收越多,越来越满,可以收到事半功倍的效果。

287. 初练太极拳者，练太极拳套路应注意什么？

答：初级阶段，应把动作练的纯熟、协调、连贯，架形尽可能的舒展、大方，螺旋缠绕的圈要大而圆、大而连，使圆圈饱满，无凸凹，无断续。

288. 习练太极拳架子要多高？

答：因人而异，顺其自然。腿劲大一点的，年纪轻一点的，可低架习练；反之则中高架。

289. 是否习拳的架子越低或越高，就越有功夫？

答：不以架子的高低来评判功夫的深浅。

290. 架子高，练拳时应当注意什么？

答：不管架子高低，都要曲腿、坐胯、落胯，不要站着练拳。

291. 会练会养，养什么？

答：养气、养血、养性、养精、养神、养形。

292. 养身功的一大法宝是什么？

答：清心寡欲，顾命惜身，固精、养精、保精是养身功的一大法宝。

293. 真正意义上的性命双修是什么意思？

答：静心能养神，静心能养气，静心能养精，久而久之，练内又练外，练先天又练后天，这才是真正意义上的性命双修。

附3　国家体育总局武术运动管理中心《武术太极拳推手竞赛规则（试行）》（2015年版）

第一章　通　则

第一条　竞赛性质

一、个人赛

二、团体赛

第二条　竞赛办法

一、循环赛：单循环、分组循环

二、淘汰赛：单败淘汰、双败淘汰

第三条　年龄分组与资格审查

一、成年运动员的参赛年龄限在19至45周岁，青年运动员的参赛年龄限在15至18周岁以下。

二、参赛运动员必须携带《运动员注册证》。

三、运动员必须有参加比赛的人身保险证明。

四、运动员必须出示自报到之日起前15天内县级以上医院出具的包括脑电图、心电图、血压、脉搏等指标在内的体格检查证明。

第四条 体重分级

一、48 千克级（≤48kg）

二、52 千克级（48kg < ~ ≤52kg）

三、56 千克级（52kg < ~ ≤56kg）

四、60 千克级（56kg < ~ ≤60kg）

五、65 千克级（60kg < ~ ≤65kg）

六、70 千克级（65kg < ~ ≤70kg）

七、75 千克级（70kg < ~ ≤75kg）

八、80 千克级（75kg < ~ ≤80kg）

九、85 千克级（80kg < ~ ≤85kg）

十、85 千克级以上级（>85kg）

第五条 称量体重

一、称量体重在抽签前进行。

二、运动员经资格审查合格后方可参加称量体重，并且必须携带《运动员注册证》。

三、必须在仲裁委员的监督下称量体重，由检录长负责，编排记录员配合完成。

四、运动员必须按照大会规定的时间到指定地点称量体重。称量体重时只穿短裤（女子运动员可穿紧身内衣）。

五、称量体重先从比赛设定的最小级别开始，每个级别在 30 分钟内称完。如体重不符，在规定的称量时间内达不到报名级别时，则不准参加后面所有场次的比赛。

第六条　抽签

一、称量体重后进行抽签，由比赛设定的最小级别开始。如该级别只有1人，则不能参加比赛。

二、由编排记录组负责抽签，由仲裁委员会主任、副总裁判长及参赛队的教练或领队参加。

第七条　竞赛时间

每场比赛净推4分钟，比赛进行至2分钟时，双方运动员交换场地继续比赛。

第八条　竞赛信号

一、比赛前10秒钟，记时员鸣哨通告准备；比赛至4分钟，计时员鸣锣宣告该局比赛结束。

二、场上主裁判员用口令和手势裁定比赛。

第九条　弃权

一、比赛期间，运动员因伤病不宜参加比赛时，须有大会医生证明，作弃权论。

二、三次检录未到，或检录后自行离开者作弃权论。

三、比赛中，运动员可举手要求弃权，教练员也可向场上裁判员举旗要求弃权，运动员自己终止比赛，作弃权论。

四、比赛期间，运动员无故弃权，取消本人全部成绩。

第十条　竞赛礼仪

一、“入场”：裁判员入场，站在场地中点后方，面向裁判长席。介绍裁判员时，裁判员应该成立正姿势向观众行抱拳礼。

二、运动员进场后，站在裁判员两侧，面向裁判长。介绍运动员时，被介绍者应成立正姿势向观众行抱拳礼。

三、在双方运动员介绍结束后，运动员互行抱拳礼，再与场上裁判员互行抱拳礼。

四、每场比赛结束时，运动员在主裁判员宣布比赛结果后，先向裁判员行抱拳礼，然后相互行抱拳礼，再转身向对方教练员行抱拳礼，方可退场。

第十一条　竞赛服装

运动员必须着中国武术协会指定的太极拳推手专业竞赛服装参加比赛。

第十二条　竞赛相关规定

一、运动员必须遵守比赛规则，认真进行比赛，严禁故意伤人。

二、教练员和本队医生应坐在指定位置，比赛时不得在场下大声喧哗、呼喊。

三、比赛时运动员不得要求暂停，如遇特殊情况，需向场上主裁判员举手示意。

四、运动员不可留长指甲、不可戴腕表和易伤及对方的物品上场比赛。

第二章　裁判人员及其职责

第十三条　裁判人员的组成

一、执行裁判

（一）总裁判长 1 人，副总裁判长 1 ~ 2 人。

（二）裁判长、副裁判长各 1 人。

（三）台上裁判员 1 人，边裁判员 3 ~ 5 人。

（四）记录员、计时员各 1 人。

（五）编排记录长1人。

（六）检录长1人。

二、辅助裁判

（一）编排记录员2～3人。

（二）检录员2～3人。

（三）宣告员1～2人。

（四）医务人员2～3人。

（五）电子计分系统操作员1～2人。

第十四条　裁判人员的职责

一、总裁判长

（一）组织裁判员学习竞赛规则、规程，讲解裁判法。

（二）负责裁判组的分工。

（三）根据竞赛规程和规则的精神，解决竞赛中的有关问题，但无权修改竞赛规则和规程。

（四）比赛中指导裁判组的工作，有权调动裁判员的工作。在裁判工作有争议时，有权作出最后决定。

（五）赛前组织裁判长检查落实场地、器材和有关裁判用具。

二、副总裁判长

协助总裁判长工作，总裁判长缺席时可代行其职责。

三、裁判长

（一）负责本组裁判员的学习和工作安排。

（二）比赛中监督和指导裁判员、计时员、记录员的工作。

（三）台上裁判员有明显错判、漏判时，鸣哨提示改正。

（四）边裁判员出现明显错判，宣布结果前征得总裁判长同意后可以改判。

（五）根据临场运动员的情况和记录员的记录，处理优势胜利、处罚、强制读秒等有关规定事宜。

（六）每场比赛结束后，宣布评判结果，决定胜负。

四、副裁判长

协助裁判长工作，根据需要可以兼任其他裁判员的工作。

五、台上裁判员

（一）对临场运动员进行安全检查，如发现有与规则不符者，应及时纠正，保障比赛安全进行。

（二）用口令和手势指挥运动员进行比赛。

（三）判定运动员倒地、下台、犯规、消极、强制读秒、临场治疗等有关事宜。

（四）宣布每场比赛结果。

六、边裁判员

（一）根据规则判定场上运动员合手展示得分。

（二）根据规则判定运动员的得分。

（三）每场比赛结束后，根据裁判长信号，同时、迅速显示评判结果。

（四）每场比赛结束后，在计分表上签名并保存，以备检查核实。

七、记录员

（一）赛前认真将有关信息填入记录表。

（二）参加称量体重的工作，并将每名运动员的体重填入每场比赛的记录表。

（三）根据台上裁判员的口令和手势，记录运动员被警告、劝告、强制读秒、下台的次数。

（四）计入边裁判员每场的评判结果，确定胜负后报告裁判长。

八、计时员

（一）赛前检查铜锣、计时钟，核准秒表。

（二）负责比赛、暂停、读秒的计时。

（三）每局比赛前10秒钟鸣哨通告。

（四）每局比赛结束鸣锣通告。

（五）无电子计分系统的情况下，每局比赛结束时，宣读边裁判员的评判

结果。

九、编排记录长

（一）负责运动员资格审查，审核报名表。

（二）负责组织抽签，编排每场比赛秩序表。

（三）预备竞赛中所需要的各种表格；审查核实成绩，录取名次。

（四）登记和公布每场比赛成绩。

（五）统计和收集有关资材料，汇编成绩册。

十、编排记录员

根据编排记录长分配的任务进行工作。

十一、检录长

（一）负责称量运动员的体重。

（二）负责竞赛服装的检查和管理。

（三）赛前20分钟负责召集运动员检录。

（四）检录时，如出现运动员不到或弃权等问题，及时报告裁判长。

（五）按照规则的要求，检查运动员的服装和指甲、饰品。

十二、检录员

根据检录长分配的任务进行工作。

十三、宣告员

（一）摘要介绍竞赛规程、规则和有关的宣传材料。

（二）介绍临场裁判员、运动员。

（三）宣告评判结果。

十四、医务职员

（一）审核运动员的《体格检查表》。

（二）负责赛前对运动员进行体检抽查。

（三）负责临场伤病的治疗与处理。

（四）负责因犯规造成运动员受伤情况的鉴定。

（五）负责竞赛中的医务监督，对因伤病不宜参加比赛者，应及时向裁判长提出其停赛建议。

（六）配合兴奋剂检测人员检查运动员是否使用违禁药物。

第十五条　电子计分系统操作员

负责与电子计分系统操作相关的工作。

第三章　仲裁委员会及其职责与申诉

第十六条　仲裁委员会的组成

由主任、副主任、委员 3 人或 5 人组成。

第十七条　仲裁委员会的职责

一、仲裁委员会在大会的领导下进行工作。主要受理参赛队对裁判员有关违反竞赛规程、规则的判决结果有不同意见的申诉。

二、受理参赛队对裁判执行竞赛规程、规则的判决结果有异议的申诉，但只限对本队判决的申诉。

三、接到申诉后，应立即进行处理，不得延误其他场次的比赛、名次的评定及发奖。裁决出来后，应及时通知有关参赛队。

四、根据申诉材料提出的情况，必要时可以复审录像，进行调查。召开仲裁委员会讨论研究。开会时可以邀请有关人员列席参加，但无表决权。仲裁委员会出席人数必须超过半数以上做出的决定方为有效。表决结果相等时，仲裁委员会主任有终裁权。

五、仲裁委员会成员不参加本人所在单位参赛队有牵连问题的讨论。

六、对申诉提出的问题，经过严肃认真复审，确认原判无误，则维持原判；如确认原判有明显错误，仲裁委员会提请中国武术协会对错判的裁判员按有关规定处理，仲裁委员会的裁决为最终裁决。

第十八条　申诉程序及要求

一、运动队如果对裁判组的裁决结果有异议，必须在该运动员比赛结束后15分钟内，由本队领队或教练向仲裁委员会提出书面申诉，同时交付1000元的申诉费。如申诉正确，退回申诉费，但维持原判；申诉不正确的，维持原判，申诉费不退，作为优秀裁判员的奖励基金。

二、各队必须服从仲裁委员会的最终裁决。如果无理纠缠，根据情节轻重，可以建议竞赛监督委员会、竞赛组委员会给予严肃处理。

第四章　竞赛监督委员会及其职责

第十九条　竞赛监督委员会的组成

一、监督仲裁委员会的工作。对于不能正确履行仲裁委员会职责，判决运动队的申诉不公正，有违反《仲裁委员会条例》的人员，视情节轻重，给予批评、教育、撤换乃至停止工作的处分。

二、监督裁判人员的工作。对于不能正确履行自己的职责，不能严肃、认真、公正、准确地进行裁判，有明显违反规程、规则的行为者，有明显错判、漏判、反叛的行为者，接受运动队贿赂，以不正当的手段偏袒运动员者，视情节轻重，给予批评、教育、撤换、停止工作，乃至建议对其实施降级或撤销其裁判等级的处分。

三、监督参赛单位各领队、教练、运动员的行为。对于不遵守《赛区工作条例》《运动员守则》，不遵守竞赛规程、规则及赛场纪律，对参赛队行贿，运动员之间搞交易、打假赛等有关违纪人员，视情节轻重，给予批评、教育、通报、取消比赛成绩、取消比赛资格等处分。

四、竞赛监督委员会听取领队、教练、运动员、仲裁人员、裁判人员对竞赛过程中的各种反映及意见，保证竞赛公正、准确、圆满、顺利地进行。

五、竞赛监督委员会不直接参与仲裁委员会、裁判人员职责范围内的工作，不干涉仲裁委员会、裁判人员正确履行自己的职责，不介入判决结果的纠纷，不改变裁判组的裁决结果和仲裁委员会的裁决结果。

第五章　技法要求、得分标准与判罚

第二十条　竞赛法则

一、必须采用“掤、捋、挤、按、採、挒、肘、靠”的方法元素（简称八法），以及相应的步法。

二、必须贯彻“沾粘连随”“刚柔相济”的原则。

三、必须在盘手（四正手）状态下完成进攻动作。

第二十一条　竞赛方法

一、太极拳推手技术演示——合手考核

（一）双方运动员上场后，首先进行太极拳推手基本技术展示，称为“合手”演示。

（二）运动员以太极推手的基本技术：合步四正手、顺步四正手、大捋、缠臂、单推手、双推手等技法，配合相应的步法，编排30秒钟的组合动作参加考核。

（三）前30秒钟红方运动员领手，蓝方运动员跟随；后30秒钟蓝方运动员领手，红方运动员跟随。

（四）合手演示结束后，双方运动员站在场地两侧，等待裁判员示分。

二、太极拳推手实战比赛

（一）当场上裁判员发出“预备”口令时，双方运动员起势、上步成搭手势。

（二）比赛开始时，右脚在前，互搭右手；互换场地后，左脚在前，互搭

左手。

（三）每场开始时，运动员上同一侧脚成自然步，前脚踩于中心圈内，搭好手；当场上裁判员发出开始信号后，开始比赛。

（四）每次比赛必须在盘手状态下进行，盘手方向由进攻方决定。

（五）比赛开始，黑方有进攻权；交换场地后，白方有进攻权。每次进攻结束后，下一次进攻权属于失分方；如果动作无效，进攻权仍属于失分方。

（六）每场比赛开始，当场上裁判员发出“开始”口令时，有进攻权的一方运动员领手，开始盘手（四正手）。

（七）每场比赛开始时，盘手两圈后至第三圈结束前，进攻方可以进攻，防守方可防守反击；第三圈结束后，进攻方仍未进攻对方，防守方可进攻，期间双方必须保持盘手状态。之后的比赛过程中，盘手一圈后至第二圈结束前，进攻方可以进攻，防守方可防守反击；第二圈结束后，进攻方仍未进攻，防守方可进攻。

（八）盘手一圈是指以搭手势开始至搭手势结束。

（九）比赛结束后，在场上裁判的指示下，运动员站在裁判员两侧等待宣布比赛结果。

第二十二条　攻击部位

一、双手攻击对方上肢的手臂部位。

二、一手攻击对方的上肢，另一只手可以攻击颈部以下、耻骨以上的躯干部位。

三、双手不能同时攻击对方颈部以下、耻骨以上的躯干部位。

四、当对方被动转身时，进攻方可进攻背部。

第二十三条　得分

一、优势胜利

（一）比赛中因对方犯规造成受伤，经医生检查不能继续比赛者，判受伤者获胜。

（二）比赛中因受伤（除因对方犯规而致的受伤外）不能坚持比赛者，判对方获胜。

（三）比赛中运动员或教练员要求弃权时，判对方获胜。

（四）比赛中凡不会以规范的手法和相应的步型盘手者，取消其比赛资格。

二、得2分

（一）一方倒地（除附加支撑外，任何部位接触地面均为倒地），站立者得2分。

（二）使对方踩踏外圈者，得2分。

（三）一方受警告一次，对方得2分。

（四）凡违反“侵人犯规”中的6或7条者，给予警告，对方得2分。

三、得1分

（一）基本技术展示结束后，由场上边裁判员判定得分方，得1分。

（二）凡违反“侵人犯规”中的1—5条之一者，给予劝告，对方得1分。

（三）凡违反“技术犯规”中的1—7条之一者，给予劝告，对方得1分。

（四）使对方前脚出中心圈者，得1分（前脚完全离地、全脚出圈线即为出圈）。

（五）凡使对方单双手接触地面（附加支撑）者，得1分。

（六）先后倒地，后倒地者得1分。

（七）使用规定动作者得1分，该得分与出圈、倒地累计计算。

（八）一方后脚连续两次移动，对方得1分。

四、不得分

（一）双方同时出圈或倒地。

（二）无效进攻。

（三）凡不使用“八法”技术元素进攻对方者。

（四）不在盘手状态下进行比赛的进攻者。

第二十四条 犯规

一、侵人犯规

（一）使用硬拉、硬拖、搂抱、或用脚勾、踏、绊、跪者。

（二）故意造成对方犯规者。

（三）脱手发力撞击者。

（四）单、双手抓住对方衣服或双手死握对方者（单手顺势除外）。

（五）未发“开始”口令即进攻对方或已发“停止”口令后仍进攻对方者。

（六）使用拳打、头撞、撅臂、擒拿、抓头发、点穴、肘尖顶、捞裆、扫腿、膝撞、扼喉等动作者。

（七）攻击规则规定之外的身体部位者。

凡违反以上规定均给予劝告或警告。

二、技术犯规

（一）进攻方盘手未过两圈，抢先进攻者；防守方盘手未过两圈，抢先进攻者。

（二）盘手中防守方故意用力阻碍进攻方盘手者。

（三）比赛中对裁判员不礼貌或不服从裁判者。

（四）比赛中在场外大声喧哗、呼喊、干扰比赛者。

（五）搂抱对方（单手或双手超过对方中心线者即为搂抱）。

（六）有意拖延比赛时间。

（七）处于不利状况时举手要求暂停。

三、罚则

（一）违反“侵人犯规”1—5条之一，每犯规一次，判劝告一次。

（二）违反“侵人犯规”6—7条之一，每犯规一次，判警告一次。

（三）技术犯规一次，判劝告一次。

第二十五条　评定名次

一、比赛结束后，依据边裁判员的判罚结果，判定每场比赛胜负。

二、出现平局时，按下列原则处理

（一）首先根据体重判别，以体重轻者为胜方。

（二）如仍相等，以警告少者为胜方。

（三）如仍相等，以劝告少者为胜方。

（四）以上各条仍相等时，进行加时赛，直至一方得分为止，先得分者为胜方。

第二十六条　技术规范

一、基本技术展示：动作熟练、柔和，能够协调地配合对方完成动作。

二、搭手：双方腕部接触，前臂呈弧形，触点在双方中线，与下颌齐高；另一手附于对方肘部。

三、四正手盘手

（一）掤捋：一方做掤势，另一方做捋势。

（二）挤按：一方做挤势，另一方做按势。

四、发放：必须在手接触到对方后发力。

五、规定动作

（一）六封四闭：一手按住对方腕关节，另一手按住对方肘关节向前推按。

（二）玉女穿梭：一手採住对方大臂，另一手按在对方肩后向前推按。

（三）双捋式：一手採住对方腕关节，另一手在手臂外侧向同一方向用力。

（四）靠法：一手採住对方腕关节，用肩靠击对方肩部（禁止靠击对方胸部）。

（五）手挥琵琶：一手採住对方腕关节，另一手托住对方肘关节。

第六章 裁判员的口令和手势图解

第二十七条 有关竞赛礼节与一般判罚的口令和手势

一、抱拳礼：双腿并步站立，左掌右拳胸前相抱，高与胸齐，拳与胸之间间隔为20～30厘米。

二、比赛进场：裁判员首先进场，主裁判员站在场地中心，两掌心向上直臂指向双方运动员，在发出“运动员进场”口令的同时，两手屈臂上举，掌心朝内。

三、“预备—开始”：主裁判员站在双方运动员中间，两臂伸直仰掌指向双方运动员，发现“预备”口令，随即向内合掌并下摆，同时发出“开始”口令。

四、“停”：主裁判员一臂伸向运动员中间，同时发出“停”的口令，比赛即为暂停。

五、“一方倒地”：主裁判员一臂指向先倒地一方，在发出“某方倒地”口令的同时，另一臂在体前下按，掌心朝下。

六、“倒地在先”：主裁判员一臂指向先倒地一方，掌心朝下，在发出“某方倒地在先”口令的同时，两臂在体前交叉，掌心朝下。

七、“同时倒地”：主裁判员两臂在体前平伸，掌心向下，在发出“同时倒地”口令的同时，两掌下按，掌心朝下。

八、“同时出圈”：主裁判员两臂屈于体前，掌心朝前，指尖朝上，在发出“同时出圈”口令的同时，两掌向前平推。

九、“一方出圈”：主裁判员一臂伸向运动员，掌心朝上，在发出“某方出圈”口令的同时，另一臂屈于体前，掌心朝前，指尖朝上，向前推出。

十、指定进攻：主裁判员在发出“双方进攻”口令时，两手拇指伸直，其余四指握拳，拳心朝下。同时，手臂向内摆动，两拇指在体前相对。如指定一方进攻时，则用一手拇指指向被进攻一方。

十一、无效：两臂体前交叉摆动，掌心向后。

第七章　服装与场地

第二十八条　服装款式及规格要求

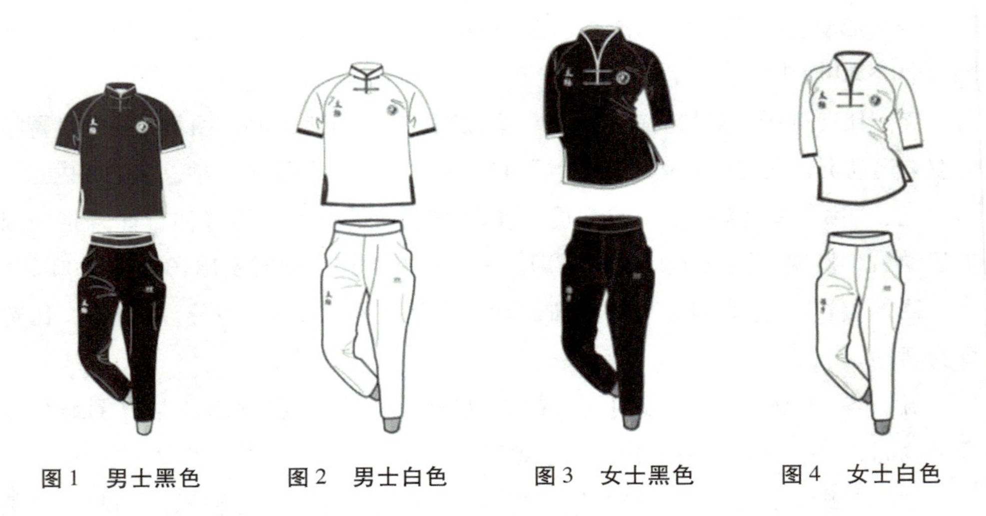

图1　男士黑色　　图2　男士白色　　图3　女士黑色　　图4　女士白色

第二十九条　比赛场地

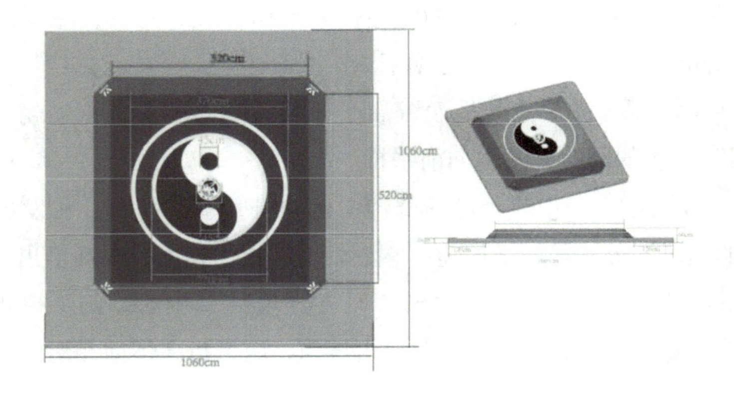

后 记

在本书完成之际，我要特别感谢在本书撰写过程中给过我帮助的老师、同学、弟子及家人。

首先要感谢我的导师田金龙教授。田老师是中国首届武术博士，他知识渊博、治学严谨，待人宽厚。本书能够顺利完成离不开田老师的悉心指导和严格要求，从书稿的选题、文献的查阅、框架的确定、内容的撰写及后期的修改和完善，田老师都给予了全面深入的指导。

然后要感谢我的同门许晓阳、王健、祁守台。感谢他们在本书创作过程中对我的帮助！

特别感谢我的弟子史雪林、胡伟迎、张国荣、赵方根。他们不仅承担了本书所需文献资料的搜集、整理工作，而且为了本书的顺利出版，还提供了出版资助。这份情谊我会永远铭记。

最后要感谢我的家人，他们始终都是我前行道路上的有力支撑和坚强后盾。感谢他们一直以来对我的鼓励、关爱和支持，无论在物质生活方面，还是精神生活方面，他们都给予了我莫大的帮助。正是他们默默无闻的付出才使得我能够顺利完成本书的创作，也正是因为有他们的存在，我才能够毫无负担地朝着自己的梦想努力和奋斗。